사회평론

글 사회평론 과학교육연구소
대학에서 오랫동안 과학을 연구한 전문가들이 모여, 우리 아이들이 쉽고 재미있게 공부할 수 있는 책을 만들고 있습니다.

글 설정민 (사회평론 과학교육연구소 연구원)
서울대학교 생물학과를 졸업하고 같은 대학교 대학원에서 석사 학위를 받은 뒤 박사 과정을 수료하였습니다. 아이에게 과학을 쉽고 재미있게 얘기해 주려 노력하다 보니 어린이를 위한 책을 만드는 일에도 관심을 가지게 되었습니다. 현재 사회평론 과학교육연구소 연구원으로 과학책을 만들고 있습니다.

글 김형진 (사회평론 과학교육연구소 연구원)
연세대학교 천문대기과학과를 졸업하고 같은 대학교 대학원에서 석사, 박사 학위를 받았습니다. 과학자를 꿈꾸는 아이들에게 올바른 과학 개념과 과학적 태도를 함께 키울 수 있는 방법을 전달하기 위해 노력하고 있습니다. 현재 사회평론 과학교육연구소 연구원으로 과학책을 만들고 있습니다.

글 이명화 (사회평론 과학교육연구소 연구원)
서울대학교 물리교육과를 졸업하고 같은 대학교 대학원에서 석사, 박사 학위를 받았습니다. 10여 년간 중학교에서 과학을 가르쳤으며, 미국 아리조나 주립대에서 물리학으로 박사 학위를 받고 독일, 미국, 영국에서 연구원으로 근무하였습니다. 쉽고 재미있는 과학책을 쓰는 일에 관심을 갖고 있으며, 현재 사회평론 과학교육연구소 연구원으로 과학책을 만들고 있습니다.

그림 조현상 (매드푸딩스튜디오)
미국 필라델피아에서 U-Arts를 졸업했습니다. 한국과 미국에서 동화, 일러스트레이션, 만화 등 다양한 작업을 하고 있습니다.
mad-pudding.com | instagram.com/madpuddingstudio

그림 김지희
만화가이자 일러스트레이터로 활동하고 있습니다. 그린 책으로 《드래곤빌리지 학습도감 13 : 해적앵무》, 《난생 처음 한번 공부하는 미술 이야기 5》, 《난생 처음 한번 공부하는 미술 이야기 6》 등이 있습니다.

그림 전성연
대학교에서 그래픽디자인을 전공했고, 현재 직장을 다니며 일러스트 작업을 하고 있습니다.

감수 박재근
서울대학교 생물교육과를 졸업하고 같은 대학교 대학원에서 과학교육 전공으로 석사, 박사 학위를 받았습니다. 생물교육과 환경교육을 주로 연구하고 있으며, 중학교, 고등학교 교사를 거쳐 현재 경인교육대학교 과학교육과 교수로 재직 중입니다. 2015 개정 교육과정의 중학교 과학교과서, 초등학교 과학교과서를 함께 저술하였습니다.

캐릭터 이우일
홍익대학교에서 시각디자인을 공부한 만화가입니다. 그림책 작가인 아내 선현경, 딸 은서, 고양이 카프카와 함께 그림을 그리고 글을 쓰며 살고 있습니다. 지은 책으로 《우일우화》, 《옥수수빵파랑》, 《좋은 여행》, 《고양이 카프카의 고백》 등이 있고, 그린 책으로 《노빈손》 시리즈, 《용선생의 시끌벅적 한국사》 시리즈, 《교양으로 읽는 용선생 세계사》 시리즈 등이 있습니다.

용선생의 시끌벅적 과학교실

동물의 세계

글 **사회평론 과학교육연구소** | 그림 **조현상·김지희·전성연** | 감수 **박재근** | 캐릭터 **이우일**

사슴벌레와 꽃게가 친척인 까닭은?

사회평론

프롤로그

여러분, 안녕? 과학반을 맡은 용선생이야. 내 명성은 익히 들어 봤겠지? 역사반과 세계사반을 모두 훌륭하게 성공시키며 방과 후 교실 최고의 인기 교사가 된 그 용선생이란다. 교장 선생님께서 특별히 부탁하셔서 이번에는 과학반을 맡게 되었어. 어찌나 사정을 하시던지 도무지 거절할 수가 없었지 뭐야. 그래서 이 몸이 깜짝 놀랄 수업을 준비했단다.

우리의 수업은 언제나 질문과 함께 출발해. 세상을 둘러보다가 누군가 "저건 왜 그래요?" 하고 질문하면 바로 그 순간 수업이 시작되는 거지. 이제부터 용선생의 시끌벅적 과학교실을 제대로 즐기는 방법을 하나씩 알려 줄게.

첫째, 과학반 친구들과 함께 호기심을 갖고 질문해 봐. 과학을 어렵게만 생각하지 말고, 매 교시마다 아이들이 어떤 호기심을 가지는지 관심을 가져 봐. 과학반 친구들과 함께 '왜 그럴까?', '어떻게 알아낼 수 있을까?' 고민하다 보면 어렵던 과학도 쉽게 느껴질 거야.

둘째, 어려운 내용은 사진과 그림으로 이해해 봐. 어려운 과학 개념과 원리를 한 장의 사진이나 그림을 통해 단숨에 이해할 수도 있어. 그래서 너희를 위해 사진과 그림을 많이 준비했단다. 글을 읽다가 어렵다 싶으면 옆에 있는 사진과 그림을 봐. 잘 이해되지 않던 내용이 틀림없이 술술 이해될 거야.

셋째, 배운 내용을 되새기며 머릿속에 정리해 봐. 왁자지껄한 수업을 마치고 나면 뭘 배웠는지 정리가 안 될 때도 있을 거야. 그럴 때를 대비해 중간중간 핵심 정리를 준비했어. 또 배운 내용을 4컷 만화로 재미있게 요약해 두었지. 게다가 교시가 끝날 때마다 나선애의 정리노트도 마련했단다. 이 정도면 학습 정리는 문제없겠지?

과학은 분야도 다양하고 배울 내용도 아주 많아. 쉽게 이해할 수 있는 부분도 있지만, 여러 번 곰곰이 생각해 봐야 알 수 있는 부분도 있지. 이 책을 여러 번 다시 읽다 보면 구석구석 빠짐없이 모두 이해될 거야.

자, 이제 용선생의 시끌벅적 과학교실을 제대로 즐길 준비가 됐겠지? 그럼 신나는 수업을 시작해 볼까?

차례 | 동물의 세계

1교시 | 동물의 특징

바다나리는 식물일까, 동물일까?

동물은 어떤 특징이 있을까? … 13
동물마다 달라, 달라! … 17
다양한 동물을 어떤 기준으로 나눌까? … 21

나선애의 정리노트 … 24
과학퀴즈 달인을 찾아라! … 25

교과연계
초 3-2 동물의 생활 | 중 1 생물의 다양성

3교시 | 파충류와 양서류

도롱뇽과 도마뱀의 다른 점은?

도마뱀은 어떻게 살아갈까? … 46
매끈매끈한 도롱뇽 피부의 비밀 … 51
추운 겨울을 털옷 없이 지내려면? … 54

나선애의 정리노트 … 58
과학퀴즈 달인을 찾아라! … 59
용선생의 과학 카페 … 60
 - 평생 올챙이로 살아가는 양서류는?

교과연계
초 3-2 동물의 생활 | 중 1 생물의 다양성

2교시 | 포유류와 조류

박쥐는 새와 어떻게 다를까?

새야, 새야, 너의 특징은? … 28
박쥐의 정체를 밝혀라! … 32
까치와 소의 공통점은? … 36

나선애의 정리노트 … 40
과학퀴즈 달인을 찾아라! … 41
용선생의 과학 카페 … 42
 - 세상에 이런 포유류가 있다니!

교과연계
초 3-2 동물의 생활 | 중 1 생물의 다양성

4교시 | 어류
문어는 물고기일까, 아닐까?

물고기는 어떤 특징이 있을까? … 65
다양한 물고기의 세계로! … 69
물에 살면 모두 물고기일까? … 73

나선애의 정리노트 … 76
과학퀴즈 달인을 찾아라! … 77

교과연계
초 3-2 동물의 생활 | 중 1 생물의 다양성

5교시 | 절지동물
곤충과 거미는 뭐가 다르지?

곤충은 어떤 동물 무리에 속할까? … 80
거미가 곤충이 아닌 까닭은? … 86
또 다른 절지동물을 찾아서! … 89

나선애의 정리노트 … 92
과학퀴즈 달인을 찾아라! … 93
용선생의 과학 카페 … 94
　- 헷갈리는 동물들, 정체를 밝혀라!

교과연계
초 3-2 동물의 생활 | 중 1 생물의 다양성

6교시 | 또 다른 동물들
물속을 떠다니는 해파리는 어떤 동물일까?

지렁이는 뭘 먹고 살까? … 98
이래 봬도 동물이 맞아! … 101
알면 알수록 신비한 동물의 세계! … 106

나선애의 정리노트 … 110
과학퀴즈 달인을 찾아라! … 111
용선생의 과학 카페 … 112
　- 동물을 따라 해 봐요, 이렇게!

교과연계
초 3-2 동물의 생활 | 중 1 생물의 다양성

가로세로 퀴즈 … 114
교과서 속으로 … 116

찾아보기 … 118
퀴즈 정답 … 119

등장인물

용쓴다 용써!
용선생

- 체력 ★★★
- 지력 ★★★★★
- 감성 ★★★
- 호기심 ★★★★★
- 유머 ★★

열정이 가득한 과학 선생님. 하늘을 향해 거침없이 솟은 머리카락과 삐죽삐죽한 수염이 매력 포인트. 생생한 과학 수업을 하기 위해 물불을 가리지 않는다.

장하다 장해!
장하다

- 체력 ★★★★★
- 지력 ★
- 감성 ★★★★
- 호기심 ★★★★★
- 유머 ★★★★

'튼튼하게만 자라 다오.'라는 아버지의 소원대로 튼튼하게 자랐다. 성격은 일등, 성적은 비밀이다. 시험을 못 봐도 씩씩하고 엉뚱한 질문으로 수업에 활력을 준다.

오늘도 나선다!
나선애

- 체력 ★★★★
- 지력 ★★★★
- 감성 ★★★
- 호기심 ★★★★★
- 유머 ★★★

과학자를 꿈꾸는 우등생. 공부도 잘하고 아는 게 많아서 모든 일에 앞장서는 타입이다. 겉으로는 차가워 보이지만 내심 따뜻한 면도 가지고 있다. 전혀 티가 안 나서 그렇지.

잘난 척 대장
왕수재

- 체력 ★★★
- 지력 ★★★★
- 감성 ★
- 호기심 ★★★★★
- 유머 ★

세상에서 자기가 제일 잘난 줄 안다. '천재는 외로운 법이고 질투의 대상인 법'이라나. 친구들에게 깐족거리는 데에도 천재적이다. 그래도 수업에는 늘 적극적으로 참여한다.

낭만 가득
허영심

체력 ★★★★★
지력 ★★★
감성 ★★★★★
호기심 ★★★★★
유머 ★★

감성이 풍부해도 너무 풍부하다. 떨어지는 낙엽이나 밤하늘의 별을 보며 눈물짓고, 조그만 벌레와 대화를 나누는 사차원 성격. 하지만 누구보다 정이 많고 낭만적이다.

과학반 귀염둥이
곽두기

체력 ★★★
지력 ★★★★
감성 ★★★★
호기심 ★★★★★
유머 ★★★★

형과 누나들의 귀여움을 독차지하는 과학반 막내. 나이도 가장 어리고 타고난 동안이라 언뜻 보면 유치원생 같다. 훈장 할아버지 덕에 어려운 단어를 줄줄 꿰고 있다.

우리를 찾아봐!

변온 동물
주변 온도에 따라 몸의 온도가 변하는 동물이야.

척추동물
등에 척추라고 하는 등뼈가 있는 동물을 말해.

올챙이
도롱뇽, 개구리, 두꺼비의 알에서 나온 새끼를 말해.

어류
몸이 비늘로 싸여 있고 물에서 지느러미로 헤엄치는 동물이야.

모기
날아다니며 동물의 피를 빨고 물에 알을 낳는 곤충이야.

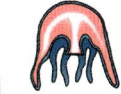

해파리
물속을 떠다니며 촉수에 있는 작은 독침을 쏴서 먹이를 잡는 동물이야.

1교시 | 동물의 특징

바다나리는 식물일까, 동물일까?

우아, 예쁘다!

물속에 꽃이 폈어!

곽두기가 책상에 모여 있는 아이들을 보고 후다닥 뛰어갔다.

"뭐 해? 재미있는 거라도 있어?"

"이 책에 있는 사진 좀 봐."

아이들이 곽두기에게 책을 내밀었다.

"어, 물속에 꽃이 폈네. 이름이 바다나리라고?"

"응, 근데 이건 동물에 관한 책이거든? 왜 동물 책에서 꽃을 소개하지?"

나선애의 말에 곽두기가 눈을 크게 떴다.

"헉! 설마 이 바다나리가 동물인가?"

"이런 것도 동물이라고 해? 도대체 동물이 뭔데?"

그러자 용선생이 아이들에게 다가와 말했다.

"하하, 그게 궁금하면 오늘 함께 알아볼까?"

"네! 어서 알아봐요!"

동물은 어떤 특징이 있을까?

"좋아! 너희가 흔히 보는 동물이나 식물에는 어떤 게 있는지 차례로 말해볼래?"

아이들이 자신 있게 손을 들고 말했다.

"강아지, 토끼, 닭, 참새…… 이런 게 다 동물이죠."

"강아지풀, 토끼풀, 개나리, 소나무는 식물이고요."

"맞아. 이제 너희들이 떠올린 동물과 식물의 특징을 한 번 생각해 볼래?"

"강아지는 계속 움직이고요, 사료나 간식을 먹어요. 뭐, 자연에 사는 동물은 알아서 먹이를 구하지만요."

왕수재가 재빨리 대답하자, 허영심이 질세라 말했다.

"하지만 길가에 선 나무는 움직이지 않아요. 먹이를 주지 않아도 잘 자라고요."

▲ 우리 주변의 동물과 식물

"하하, 잘 알고 있네. 동물의 특징을 정리하면 세 가지가 있어. 먼저 동물의 첫 번째 특징은 영양분을 스스로 만들지 못하고 먹이를 먹어서 얻는다는 거야. 햇빛을 받아 스스로 영양분을 만드는 식물과는 다르지."

"오호, 영양분이 중요한가요?"

"그럼. 생물이 살아가려면 에너지가 필요한데, 영양분이 있어야 에너지를 만들 수 있단다. 그래서 영양분을 스스로 만들지 못하는 동물은 식물이나 다른 동물을 먹고 영양분을 얻어."

▲ 동물은 다른 생물을 먹고 영양분을 얻어.

"맞아요. 텔레비전에서 봤는데, 얼룩말은 풀을 뜯어 먹고, 사자는 얼룩말을 잡아먹더라고요."

왕수재의 말에 용선생이 고개를 끄덕였다.

"그래. 얼룩말은 먹이인 풀을 찾아 움직이고, 사자는 얼룩말을 잡기 위해 움직이지? 동물의 두 번째 특징은 먹이를 찾기 위해 계속 움직인다는 거야. 자연히 동물은 몸을 움직일 때 사용하는 부분이 발달했단다. 움직이지 않고 한곳에서 살아가는 식물과는 다르지."

"아, 다리나 날개 같은 부분이요?"

"그렇지. 동물은 제각기 발달한 다리나 날개, 지느러미 같은 부분을 이용하여 걷거나 날기도 하고, 헤엄쳐. 이렇게 계속 움직이면서 다양한 자극을 접하게 되지."

"다양한 자극이라면……?"

"예를 들면 땅이 푹 파인 걸 보거나, 다른 동물의 똥 냄새를 맡는 거야. 또 자신을 잡아먹으려는 동물의 소리를 들을 수도 있지."

그러자 허영심이 얼굴을 찡그리며 말했다.

"에이, 그런 건 피하면 되잖아요."

"하하, 맞아. 동물의 세 번째 특징은 몸 밖에서 오는 자극을 받아 빠르게 반응하는 거란다. 만약 가까운 곳에서 사

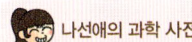

나선애의 과학 사전

자극 찌를 자(刺) 찌를 극(戟). 생물의 몸에 반응을 일으키는 원인을 말해. 빛, 냄새, 소리가 바로 자극이야.

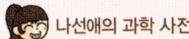

나선애의 과학 사전

반응 되돌릴 반(反) 응할 응(應). 자극을 받아서 일어나는 현상이나 행동을 말해.

나선애의 과학 사전

신경 자극을 전달하고 판단하여, 명령을 내리고 전달하는 곳을 말해. 예를 들어 뇌라는 신경에서 다리를 움직이라는 명령을 내리면 운동 신경을 통해 다리에 전달돼.

근육 동물의 몸에서 움직임을 담당하는 곳이야.

자 소리가 들리면 얼룩말은 어떻게 하겠니?"

"소리를 듣자마자 멀리 도망치겠죠."

"맞아. 얼룩말은 귀로 소리라는 자극을 받아들여. 그리고 신경을 통해 자극을 전달하고 판단하여, 명령을 내리고 전달해. 그 다음 근육을 써서 움직이지. 이렇게 동물은 귀, 눈, 코 등을 통해 몸에 자극을 받아들인 다음 필요한 행동을 한단다. 자연히 신경과 근육이 발달했지."

▲ 동물은 자극에 반응해.

"그러면 바다나리도 이런 특징이 있나요?"

"그래. 바다나리는 동물의 특징을 가지고 있어서 동물이 맞아. 우선 바다나리는 깃털처럼 생긴 팔을 움직일 수 있어. 물속에 떠다니는 작은 생물을 입 근처까지 팔로 몰아서 빨아들여 먹지. 또 먹이가 많은 곳을 찾아 물속을 헤엄치거나, 바닥을 기어 다녀."

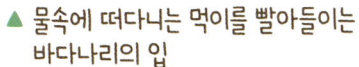
▲ 물속에 떠다니는 먹이를 빨아들이는 바다나리의 입

▲ 헤엄치는 바다나리

"아, 겉모습만 보고 판단하면 안 되겠군요."

> 동물은 다른 생물을 먹이로 먹고 영양분을 얻어. 먹이를 찾기 위해 계속 움직이고, 자극을 받아 빠르게 반응하지.

동물마다 달라, 달라!

"바다나리를 포함해 모든 동물은 저마다 독특한 생김새를 나타내. 각자 살아가는 환경이 다르니까 생김새는 물론이고, 살아가는 모습도 다르지."

"어떻게 다른데요?"

"먼저 땅과 물은 환경이 달라서, 땅에 사는 동물과 물에 사는 동물은 생김새와 사는 모습이 달라. 땅에 사는 다람쥐와 물에 사는 고등어가 움직이는 모습을 떠올려 봐."

"다람쥐는 다리로 움직여요."

"고등어는 다리가 없고, 지느러미로 헤엄을 치죠."

아이들이 말하자 용선생이 고개를 끄덕였다.

▲ 앞다리로 먹이를 먹는 다람쥐   ▲ 헤엄치는 고등어 떼

"그래. 다람쥐는 다리로 숲을 돌아다니면서, 도토리 같은 나무 열매를 먹고 살아. 반면 고등어는 바다에서 지느러미로 헤엄치며 새우나 작은 물고기를 먹고 살지."

"아, 생김새와 사는 모습이 다르다는 게 이런 거군요!"

"맞아. 근데 땅이라는 같은 환경이라도 북극과 사막처럼 환경이 다르면 동물의 생김새와 사는 모습이 다르단다. 너희들 북극과 사막의 환경이 어떤지 아니?"

나선애가 필기를 멈추고 말했다.

"북극은 아주 춥고 눈과 얼음이 쌓여 있어요. 사막은 엄청 덥고 모래로 덮여 있고요."

"잘 아네! 북극에 사는 북극곰 같은 동물은 추위를 막아 주는 털이 빽빽하게 나 있고, 털의 색깔도 눈처럼 흰색을 띠는 경우가 많아. 추운 곳이라 식물이 잘 자라지 않다 보니 주로 동물을 먹고 살지. 원래 식물을 먹는 북극토끼도 식물을 구하기 힘들 때에는 죽은 동물을 먹는단다."

"헉, 그게 정말이에요?"

"응! 그런가 하면 사막에 사는 낙타 같은 동물은 더위를 견뎌야 해. 낙타는 털이 짧고 듬성듬성 나 있어서 몸에서 열이 잘 빠져나가. 또 다리가 길어서 뜨거운 땅바닥으로부터 몸통이 떨어져 있지. 낙타는 식물을 먹고 사는데, 입속 피부가 두꺼워서 가시가 달린 선인장도 먹을 수 있어."

▲ 북극에 사는 북극곰

▲ 사막에 사는 낙타

나선애의 과학 사전

초원 풀 초(草) 들 원(原). 나무가 적고 주로 풀이 자라는 지역을 말해.

"오호, 추운 북극과 무더운 사막에 사는 동물은 역시 생김새나 사는 모습이 다르네요."

"응. 그런데 살아가는 환경이 같아도 먹이가 다르면 동물의 생김새가 다르단다. 아까 살펴본 얼룩말과 사자는 초원이라는 같은 환경에 살지만 먹이가 다르지?"

"네. 얼룩말은 풀을 먹고, 사자는 얼룩말을 잡아먹죠. 같은 곳에 살아도 다른 걸 먹네요."

용선생은 고개를 끄덕이며 화면을 바꿨다.

"얼룩말처럼 식물의 잎이나 가지, 열매를 먹는 동물을 '초식 동물'이라고 해. 사자처럼 다른 동물을 먹이로 먹는

초식 동물

식물을 씹기 좋은 넓적하고 평평한 이빨

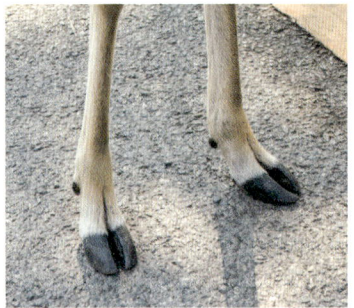
빨리 달리기 좋은 발굽

멀리서 나는 소리를 듣기 좋은 큰 귀

육식 동물

먹이를 사냥하고 찢기 좋은 날카로운 이빨

붙잡기 좋은 날카로운 발톱

달릴 때 방해가 덜 되는 작은 귀

▲ 초식 동물과 육식 동물은 생김새가 달라.

동물은 '육식 동물'이라고 하지."

핵심정리

동물은 살고 있는 환경이나 먹이에 따라서 생김새나 살아가는 모습이 제각기 달라.

 **다양한 동물을 어떤 기준으로 나눌까?**

"초식 동물, 육식 동물은 많이 들어 봐서 잘 알죠."
왕수재가 어깨를 으쓱대며 말했다.
"하하, 그렇구나. 지구에 사는 다양한 동물들은 먹이뿐 아니라 생김새나 살아가는 모습을 기준으로도 비슷한 것끼리 무리를 나눌 수 있단다."
"그래요? 또 어떻게 나누는데요?"
"우선 몸의 온도인 체온을 기준으로 나눌 수 있어."
"네? 체온이요?"
"응. 사람을 비롯해 고양이, 참새 같은 동물은 체온이 주변 온도에 관계없이 항상 일정하게 유지돼. 이들은 '정온 동물'이라고 하지. 반면 악어, 개구리, 곤충, 물고기 같은

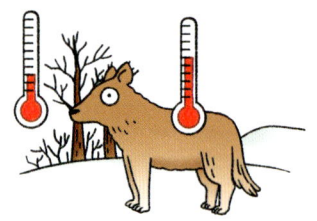

▲ **정온 동물** 주변 온도에 관계 없이 체온이 일정하게 유지돼.

▲ **변온 동물** 주변 온도에 따라 체온이 변해.

동물은 주변 온도에 따라서 체온이 변하는데, 이들은 '변온 동물'이라고 해."

곽두기가 눈을 반짝이며 말했다.

"이야, 재미있네요. 또 다른 건 없어요?"

"있고말고! 너희들 몸을 앞으로 구부리고 등 한가운데를 만져 볼래?"

아이들은 등을 만지작거리더니 말했다.

"가운데에 기둥 같은 뼈가 있어요."

"이건 척추죠? 똑바로 앉아야 척추 건강에 좋다고 엄마가 맨날 말씀하시거든요."

"하하, 선애 말대로 등에는 척추라고 하는 등뼈가 뻗어 있어. 몸에 척추가 있는 동물은 '척추동물', 척추가 없는 동물은 '무척추동물'이라고 부르지."

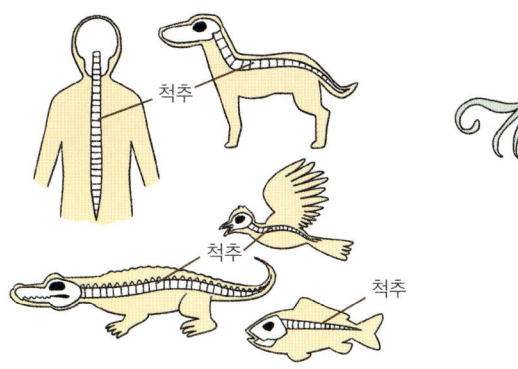
▲ 척추동물

▲ 무척추동물

용선생은 화면을 바꾸며 말을 이었다.

"사람을 포함해 개, 악어, 새, 물고기는 모두 척추가 있는 척추동물이야. 문어, 잠자리, 거미, 지렁이, 불가사리는 모두 척추가 없는 무척추동물이고."

"아, 생선을 먹을 때 보이는 가운데 뼈가 척추였군요!"

"세상에, 물고기와 내가 공통점이 있다니!"

허영심이 고개를 절레절레 흔들었다.

"하하, 이제 세상의 수많은 동물을 여러 기준에 따라 나눌 수 있다는 걸 잘 알겠지? 앞으로 동물의 세계를 탐험하며 또 어떤 동물이 있는지 알아볼 테니 기대하렴. 그럼 오늘 수업은 여기까지!"

핵심정리

동물은 먹이를 기준으로 초식 동물과 육식 동물, 체온을 기준으로 정온 동물과 변온 동물, 척추를 기준으로 척추동물과 무척추동물로 나눌 수 있지.

 나선애의 정리노트

1. 동물의 특징
① 다른 생물을 먹고 ⓐ _____ 을 얻음.
② 먹이를 찾기 위해 계속 움직임.
③ 몸 밖에서 오는 ⓑ _____ 을 받아들여 빠르게 반응함.

2. 동물의 생김새와 살아가는 모습
① 환경에 따라 다름.
　[예] 땅에 사는 다람쥐 vs 물에 사는 고등어
　　　 북극에 사는 북극곰 vs 사막에 사는 낙타
② 먹이에 따라 다름.
　[예] 식물을 먹는 얼룩말 vs 동물을 먹는 사자

3. 동물 무리를 나누는 기준

기준	동물 무리
먹이	ⓒ _____ 동물과 육식 동물
체온	ⓓ _____ 동물과 변온 동물
척추	척추동물과 ⓔ _____ 동물

ⓐ 영양분 ⓑ 자극 ⓒ 초식 ⓓ 정온 ⓔ 무척추

 # 과학퀴즈 달인을 찾아라!

●정답은 119쪽에

01

친구들이 이번 시간에 배운 내용에 대해 이야기하고 있어. 옳으면 O, 옳지 않으면 X를 표시해 줘.

① 동물은 스스로 영양분을 만들어. (　　)
② 동물은 먹이를 찾으려고 계속 움직여. (　　)
③ 사람과 물고기는 모두 척추동물이야. (　　)

02

장하다가 사자를 보러 사파리에 가고 있어. 육식 동물과 관련된 그림이 있는 길을 따라가면 무사히 도착할 수 있대. 장하다가 길을 찾을 수 있게 도와줘!

2교시 | 포유류와 조류

박쥐는 새와 어떻게 다를까?

이상한 새가 날고 있어!

새가 아니라 박쥐잖아.

왕수재가 아이들에게 스마트폰을 내보이며 말했다.

"어제 산에 갔다가 박쥐를 봤어. 이 영상 좀 봐. 잘 날아다니지?"

"오, 정말 새처럼 잘 나네."

"근데 박쥐도 새야?"

곽두기가 고개를 갸웃거리자 용선생이 다가와 말했다.

"하하, 박쥐는 날아다니지만 새는 아니란다."

"네? 그럼 뭔데요?"

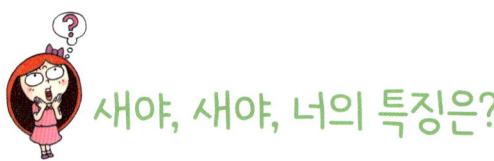

새야, 새야, 너의 특징은?

"새의 특징이 무엇인지 알고 나면 박쥐는 새가 아니라는 걸 쉽게 이해할 수 있을 거야. 먼저 너희가 흔히 보는 새는 어떤 게 있니?"

아이들이 앞다투어 대답했다.

"비둘기요! 길거리나 공원에 늘 있어요."

"참새랑 까치도 자주 볼 수 있어요."

"그래. 너희가 말한 비둘기, 참새, 까치는 모두 새가 맞아. 새는 다른 말로 조류라고 해. 다양한 종류의 새를 통틀어 말할 때 보통 조류라는 말을 쓴단다. 그럼 까치가 어떻게 살아가는지 보면서 조류의 특징을 알아보자."

용선생은 화면을 띄웠다.

▲ 비둘기, 닭, 타조, 독수리는 모두 조류야.

> **나선애의 과학 사전**
>
> **조류** 새 조(鳥) 무리 류(類). 비둘기, 닭, 까치 등이 속한 척추동물의 한 무리를 말해.

아시아, 유럽, 북아메리카에서 흔히 볼 수 있는 새야.

곤충, 식물의 열매 등 다양한 먹이를 먹어.

높은 곳에 나뭇가지로 둥지를 만들고 알을 낳아. 알을 품어서 새끼가 나오면 한동안 먹이를 가져다 먹여서 키워.

▲ 까치가 살아가는 모습

날개를 펼치고 나는 중!

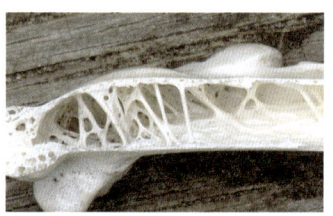

▲ 속이 비어 있는 펠리컨의 뼈

▲ 날면서 똥을 싸는 갈매기

▲ **까치의 깃털** 깃털은 가운데 있는 가지에 촘촘히 털이 나 있는 모양이야.

"우아, 까치 둥지는 처음 봐요. 날개도 멋지고요!"

"그래. 조류의 첫 번째 특징은 날개가 있다는 거야. 대신 팔이나 앞다리가 없지. 조류의 날개는 앞다리가 변해서 생긴 거야. 너희도 알다시피 조류는 날개로 날 수 있어."

"하아, 날개만 있으면 나도 날 수 있었을 텐데……."

곽두기의 말에 용선생이 웃으며 말했다.

"하하, 너희 몸에 날개가 있더라도 날 수는 없어. 날기 위해선 몸이 전체적으로 가벼워야 하거든. 조류의 뼈는 속이 비어 가벼우면서도 구조가 매우 튼튼하지. 또 조류는 오줌이나 똥을 몸속에 오래 모아 두지 않고 모이는 족족 몸 밖으로 내보내. 심지어 날면서도 똥을 싼단다."

"아, 그게 다 몸을 가볍게 하려고 그런 거군요!"

"그렇지. 자, 조류의 두 번째 특징은 온몸이 깃털에 싸여 있다는 거야. 까치는 몸통엔 짧은 깃털이 나 있고, 날개와 꼬리에는 길고 커다란 깃털이 나 있어."

"오, 꼬리 깃털이 정말 멋져요!"

"깃털은 얇고 가벼우면서도 강하단다. 조류는 이런 깃털이 겹쳐 이루어진 날개가 있어서 잘 날 수 있지. 또 깃털은 추위를 막아 줄 뿐 아니라 물에 잘 젖지 않아. 덕분에 조류는 비를 맞거나 물 위에 앉아도 젖지 않고 몸을 따뜻하게 유지해."

"깃털이 중요한 역할을 하네요!"

그때 왕수재가 화면을 가리키며 말했다.

"선생님, 까치는 곤충도 먹고 열매도 먹고 이것저것 다 먹네요?"

"맞아. 이런 동물은 잡식 동물이라고 한단다."

"오, 저랑 닮았네요. 저도 잡식인데!"

장하다의 말에 모두 웃음을 터뜨렸다.

> **나선애의 과학 사전**
>
> **잡식** 섞일 잡(雜) 먹을 식(食). 동물이나 식물을 가리지 않고 모두 먹는 걸 말해.

"하하. 그건 닮았지만, 조류는 이빨이 없어. 대신 딱딱한 부리를 이용해서 먹이를 먹지. 조류의 세 번째 특징은 부리가 있다는 거야."

"그러고 보니 이빨이 있는 새를 본 적은 없어요."

"그치? 이번엔 까치의 알에 대해 알아볼까? 까치는 뱀 같은 동물이 알에 접근하지 못하게 나무나 전봇대 위처럼 높은 곳에 둥지

▲ 조류의 다양한 부리 모양

를 짓고 알을 낳는단다. 어미 새가 18일 동안 알을 품으면 알에서 새끼가 나오지."

▲ **크기와 색깔이 다양한 조류의 알**
단단한 껍데기로 싸여 있어.

"닭이 알을 품어서 병아리가 나오는 거랑 같네요?"

"그래. 조류의 마지막 특징은 단단한 껍데기로 싸인 알을 낳는다는 거야. 또 일정 기간 알을 품어야 비로소 알을 깨고 새끼가 나온단다."

| 핵심정리 |

조류는 새라고도 하지. 조류는 날개가 있어 날 수 있고, 깃털과 부리가 있어. 또 단단한 껍데기로 싸인 알을 낳아 일정 기간 품어야 알을 깨고 새끼가 나와.

박쥐의 정체를 밝혀라!

나선애가 손을 들고 물었다.

"박쥐는 조류와 특징이 달라서 조류가 아닌 건가요?"

"맞아. 조류의 특징을 생각하면서 박쥐 사진을 보렴."

용선생이 화면을 바꾸자 아이들이 소리쳤다.

▲ 유럽에 사는 쥐귀박쥐

"앗, 깜짝이야! 박쥐 얼굴이 사나운 개처럼 생겼어요!"

"근데 부리도 없고, 날개에 깃털도 없네요."

"잘 봤어. 박쥐는 부리가 없고 이빨이 있지. 또 날개는 있지만 새와 달리 깃털이 없고, 몸에도 깃털이 아닌 털이 나 있어. 그리고 알 대신 새끼를 낳는단다."

"박쥐는 도대체 어떤 동물이에요?"

"박쥐는 포유류라는 동물 무리에 속해. 포유류는 새끼에게 젖을 먹여 키우는 동물이야. 사람을 비롯해 원숭이, 토끼, 소, 늑대, 코끼리 등이 모두 포유류란다. 너희가 자주 먹는 우유가 소의 젖인 건 알고 있지?"

"참, 그렇죠!"

"말 나온 김에 소가 살아가는 모습을 보면서 포유류에 대해 알아보자."

 용선생의 과학 현미경

박쥐의 날개는 길게 늘어난 앞 발가락 사이, 그리고 뒷다리와 꼬리 사이까지 채워진 얇고 튼튼한 막으로 이루어져 있어. 깃털로 이루어진 새의 날개와는 구조가 전혀 달라.

 나선애의 과학 사전

포유류 먹일 포(哺) 젖 유(乳) 무리 류(類). 새끼에게 젖을 먹여 키우는 척추동물의 한 무리를 말해.

식물을 먹고 사는 초식 동물이야.

짝짓기 후 암컷 뱃속에서 새끼가 자라.

송아지라고 하는 새끼를 낳아.

송아지는 어미 소의 젖을 먹고 자라.

▲ 소가 살아가는 모습

장하다가 화면을 가리키며 외쳤다.

"우아, 소다! 음매!"

"하하, 소는 풀이나 곡식을 먹는 초식 동물이지. 암컷과 수컷이 짝짓기하면 40주 뒤에 암컷 뱃속에서 새끼가 태어난단다."

허영심이 고개를 끄덕이며 말했다.

"소의 새끼를 송아지라고 하죠?"

"그래. 송아지는 태어난 직후부터 어미 소의 젖을 먹어. 그러다 몸이 어느 정도 자라면 조금씩 풀을 먹지."

"사람이랑 비슷하네요! 아기도 엄마 젖을 먹잖아요."

"바로 그거야. 포유류의 가장 뚜렷한 특징은 새끼에게 젖을 먹이는 거란다. 어미의 젖은 영양분이 아주 풍부하고, 질병에 잘 걸리지 않게 돕는 물질이 들어 있어. 그래서 새끼가 젖을 먹고 무럭무럭 자라지."

"오호, 그렇군요."

"또 새끼가 젖을 먹는 동안 어미가 새끼를 보호해. 그래서 새끼가 다른 동물에게 잡아먹힐 위험도 적어."

왕수재가 팔짱을 끼며 물었다.

"그렇다면 박쥐도 새끼에게 젖을 먹이나요?"

"물론이야! 박쥐를 비롯해 여러 포유류가 젖 먹이는 모습을 함께 볼까?"

용선생은 화면을 바꿨다.

박쥐

원숭이

고양이

▲ 새끼에게 젖을 먹이는 포유류

"우아, 박쥐가 거꾸로 매달린 채 새끼에게 젖을 먹이고 있어요!"

"새끼 원숭이도, 새끼 고양이도 젖을 먹고 있어요."

"사진에서 포유류의 또 다른 특징도 찾을 수 있어. 바로 포유류는 대부분 몸에 털이 나 있다는 거야."

"네. 고양이 털이 보송보송한 게 정말 귀여워요!"

핵심정리

포유류는 새끼에게 젖을 먹여 키우는 동물 무리로, 대부분 몸에 털이 나 있어. 박쥐도 포유류에 속해.

까치와 소의 공통점은?

"흠, 조류와 포유류가 어떻게 다른지 이제 확실히 알겠어요."

장하다의 말에 용선생은 빙긋 웃으며 말했다.

"조류와 포유류가 공통점도 있다는 거 아니?"

"그래요? 어떤 건데요?"

"지난 시간에 등뼈인 척추가 있는 동물을 척추동물이라

고 했지? 조류와 포유류는 모두 척추동물이란다."

"아하, 둘 다 척추가 있군요."

"그리고 조류와 포유류는 대부분 땅에 살아. 땅에 사는 동물은 자손을 만드는 과정이 물에 사는 동물과 다르지."

"어떻게 다른데요?"

"차근차근 알아보자. 우선 동물이 자손을 만들려면 암컷과 수컷이 각각 만든 세포가 만나 수정이 일어나야 해. 이때 물이 없으면 세포가 말라 죽으니까 물이 있는 곳에서 수정이 일어나지."

"물에 사는 동물은 주변이 다 물이니까 수정이 잘 일어나겠어요."

"그래. 하지만 땅에 사는 동물은 주변에 물이 거의 없어. 대신 암컷의 몸속에서 수정을 한단다. 이걸 '체내 수정'이라고 해. 조류와 포유류는 모두 체내 수정을 하지."

"오, 그런 공통점이 있네요!"

"또 다른 공통점도 있어. 너희들 병아리나 강아지를 만져 본 적 있지? 느낌이 어땠니?"

곽두기가 손을 번쩍 들며 말했다.

"저희 집에서 강아지 키워요! 털이 부드럽고, 몸이 뜨끈뜨끈해요."

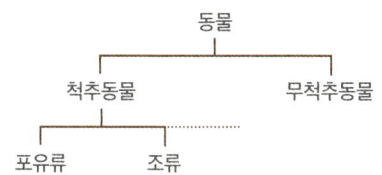

나선애의 과학 사전

세포 생물의 몸을 이루는 기본적인 단위를 말해. 크기가 매우 작아서 현미경으로 볼 수 있어.

수정 암컷이 만든 세포인 알과 수컷이 만든 세포인 정자가 서로 만나 합쳐지는 걸 말해.

▲ 조류는 암컷 몸속에서 체내 수정을 하여 자손을 만들어.

▲ 조류와 포유류는 정온 동물이야.

"잘 말해 줬어. 조류와 포유류는 일정한 체온을 유지하는 정온 동물이야. 조류와 포유류는 몸에 깃털이나 털이 나 있어서, 추위를 어느 정도 막아 체온을 유지할 수 있단다."

"일정한 체온을 유지하는 게 중요한가요?"

"그럼! 체온이 너무 낮거나 높으면 생명 활동이 제대로 일어나지 못해. 체온이 일정하게 유지되면 바깥 온도가 변해도 생명 활동이 일정하게 일어나 계속 살아갈 수 있지. 덕분에 정온 동물은 추운 곳이나 더운 곳 관계없이 지구 어디에서나 살 수 있단다."

아이들이 고개를 끄덕이자 용선생은 말을 이었다.

"하지만 체온을 유지하려면 먹이를 많이 먹고 몸에서 에너지를 많이 만들어야 해. 조류와 포유류는 먹이를 소화하는 위, 그리고 온몸으로 혈액을 뿜어 주는 심장이 발달해서 다른 동물 무리보다 에너지를 많이 만들 수 있어."

"오, 그래요?"

"응. 조류와 포유류는 위와 심장뿐 아니라 폐도 발달했지. 이들은 대부분 땅에 살면서 폐로 호흡해. 그리고 다른

용선생의 과학 현미경

동물이 에너지를 만들 때에는 영양분 외에 산소도 꼭 필요해. 심장이 혈액을 뿜어 주면 혈액이 온몸을 돌면서 몸 구석구석 산소를 전달해 준단다.

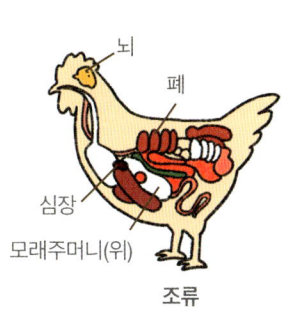
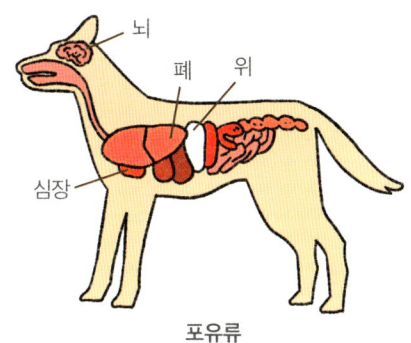

▲ 조류와 포유류는 뇌, 폐, 위, 심장 등이 잘 발달했어.

동물 무리보다 뇌가 커서 지능이 높은 편이지."

"맞아요. 사람 말을 따라 하는 새도 있잖아요."

"가축을 모는 개는 엄청 영리하더라고요."

"하하, 잘 알고 있네! 뇌가 큰 포유류와 조류는 경험을 통해 새로운 걸 배워서 전과 다른 행동을 할 수 있단다."

곽두기가 눈을 반짝이며 말했다.

"그러고 보니 저희 강아지도 간식을 줄 때까지 기다리는 걸 배웠어요."

"우아, 한번 보고 싶다! 두기야, 보러 가도 돼?"

"당연하지. 지금 바로 가자! 선생님, 저희 먼저 갈게요!"

조류와 포유류는 모두 척추동물이고, 체내 수정을 해. 또 일정한 체온을 유지하는 정온 동물이야. 조류와 포유류는 대부분 땅에 살면서 폐로 호흡하고, 뇌가 커서 지능이 높은 편이야.

나선애의 정리노트

1. 포유류와 조류

① 차이점

포유류	조류
박쥐, 사람, 원숭이, 토끼, 소, 고양이 등	비둘기, 참새, 까치, 닭, 타조, 독수리 등
팔 또는 앞다리가 있음.	ⓐ 가 있음.
몸에 ⓑ 이 나 있음.	몸에 깃털이 나 있음.
이빨이 있음.	ⓒ 가 있음.
대부분 새끼를 낳음. ⓓ 을 먹임.	딱딱한 껍데기로 싸인 알을 낳음.

② 공통점
- 척추동물
- ⓔ 수정
- 정온 동물
- 폐로 호흡함.
- 뇌, 심장, 위 등이 발달함.

정답 ⓐ 날개 ⓑ 털 ⓒ 부리 ⓓ 젖 ⓔ 체내

 # 과학퀴즈 🧪 달인을 찾아라!

●정답은 119쪽에

01

친구들이 이번 시간에 배운 내용에 대해 이야기하고 있어. 옳으면 O, 옳지 않으면 X를 표시해 줘.

① 조류의 뼈는 속이 비어서 가벼워. (　)
② 박쥐는 체내 수정을 하는 포유류야. (　)
③ 포유류와 조류는 뇌가 작아서 지능이 낮아. (　)

02

다음 보기 의 빈칸에 들어갈 낱말들이 아래 네모칸에 숨어 있어. 가로, 세로, 또는 대각선으로 연결해서 알맞은 낱말을 찾아봐.

보기
① 조류는 ○○가 있어 날 수 있어.
② 포유류는 ○○에게 젖을 먹여 키워.
③ 조류와 포유류는 일정한 체온을 유지하는 ○○ ○○이야.

날	짜	단	정	보
아	개	체	온	석
기	산	소	동	도
냄	토	장	물	시
새	끼	손	가	락

| 용선생의 과학 카페 | 용선생의 한국사 카페 | 용선생의 세계사 카페 | |

 https://cafe.naver.com/yongyong

용선생의 과학 카페

과학계의 핵인싸,
용선생의 과학 카페에
오신 걸 환영합니다.

Log in

MENU

물리면 아프다
화학이 화하하
생물 오징어
지구는 둥글다

세상에 이런 포유류가 있다니!

새끼에게 젖을 먹여 키우는 포유류 중에는 별난 특징을 가진 동물도 있단다. 힘센 뒷다리로 껑충껑충 점프하는 캥거루도 포유류야. 그런데 암컷 캥거루는 특이하게도 몸에 주머니가 있어. 캥거루 새끼는 완전한 형태를 갖추지 못한 채 태어난 다음, 어미 몸에 있는 주머니에서 젖을 먹으며 마저 자라. 이렇게 주머니에서 새끼에게 젖을 먹여 키우는 포유류를 '유대류'라고 해. 캥거루를 비롯해 코알라, 주머니쥐가 유대류에 속하지.

캥거루는 주머니 입구가 위를 향해.

코알라는 주머니 입구가 아래를 향해.

주머니쥐는 한 번에 새끼를 많이 낳아. 새끼가 자라 주머니가 좁아지면 업고 다녀.

▲ 유대류

이 정도는 알고 있었다고? 그럼 알을 낳는 포유류가 있다는 것도 아니? 바로 오리너구리라는 동물이야. 오리를 닮은 부리와 너구리를 닮은 몸통 때문에 오리너구리라고 이름 지어졌어. 오리너구리는 신기하게도 새끼가 아니라 알을 낳아. 알을 깨고 나온 새끼는 어미의 피부에서 흐르는 젖을 핥아 먹고 자라지. 고슴도치를 닮은 가시두더지도 오리너구리처럼 알을 낳는 포유류에 속해.

◀ 오리너구리와 알

▶ 가시두더지와 알

새끼를 주머니에서 키워도, 알을 낳아도, 새끼에게 젖을 먹여 키우는 동물은 포유류라는 걸 꼭 기억해!

장하다의 오답을 피하는 방법
나선애의 야무진 실험실
왕수재의 아는 척 과학교실
허영심의 별 헤는 밤
곽두기의 빅뱅 따라잡기

COMMENTS

아, 공부하기 싫어. 나도 주머니에 들어가서 살았으면….
ㄴ 간식도 못 먹을 텐데?
ㄴ 맞아. 축구도 못 할걸?
ㄴ 그럼 취소!

"형, 누나! 내가 동물 체험관에 가서 찍은 사진 볼래?"

곽두기가 아이들에게 사진을 내보였다.

"이야, 잘 찍었다. 둘 다 도마뱀이잖아?"

"하나는 도롱뇽이고, 다른 하나는 도마뱀이야."

"엥, 이름도 비슷하고 생긴 것도 비슷해. 뭐가 다르지?"

아이들 뒤에서 사진을 보던 용선생이 말했다.

"엄청나게 다르단다. 오늘 함께 알아볼까?"

"좋아요. 궁금해졌어요!"

 도마뱀은 어떻게 살아갈까?

"도마뱀과 도롱뇽은 긴 몸통에 다리 네 개와 기다란 꼬리가 있어서 비슷해 보이지. 하지만 자세히 살펴보면 겉모습이 조금 다르고, 살아가는 모습은 아예 달라. 도마뱀과 도롱뇽은 서로 다른 동물 무리에 속하거든."

"그래요? 어떤 무리에 속하는데요?"

"도마뱀은 파충류에 속해. 참고로 뱀, 악어, 거북도 파충류란다. 반면 도롱뇽은 양서류에 속하지. 개구리나 두꺼비도 양서류이고."

"오, 정말 속한 무리가 다르네요."

"그래. 파충류와 양서류의 특징을 알면 자연히 도마뱀과 도롱뇽을 구별할 수 있을 거야. 먼저 도마뱀이 사는 모습을 살펴보면서 파충류의 특징을 알아보자."

용선생은 화면을 띄웠다.

> **나선애의 과학 사전**
>
> **파충류** 기어 다닐 파(爬) 벌레 충(蟲) 무리 류(類). 뱀, 도마뱀, 악어, 거북 등이 속한 척추동물의 한 무리를 말해.
>
> **양서류** 두 양(兩) 살 서(棲) 무리 류(類). 도롱뇽, 개구리 등이 속한 척추동물의 한 무리로, 땅과 물 두 곳을 오가며 살아.

▼ 도마뱀이 살아가는 모습

식물의 잎과 열매, 곤충이나 작은 동물을 먹어.

몸은 털이 없고, 비늘로 덮여 있어.

짝짓기 후 암컷은 땅을 파고 알을 낳아. 수 개월 후 알에서 새끼가 나와.

▲ 다양한 도마뱀

모래도마뱀 · 카멜레온 · 목도리도마뱀 · 코모도왕도마뱀

"으으, 도마뱀은 좀 징그러워요."

"도마뱀도 종류가 다양해. 사람의 손가락만 한 모래도마뱀부터 길이가 3m(미터)에 이르는 코모도왕도마뱀도 있어. 먹이로 식물만 먹거나 동물만 먹기도 하고, 둘 다 먹는 잡식 도마뱀도 있지. 대체로 몸집이 클수록 주로 동물을 먹어."

장하다가 고개를 끄덕이며 말했다.

"흠, 역시 고기를 먹어야 힘이 난다니까요!"

"하하. 도마뱀이 속한 파충류는 지난 시간에 배운 포유류나 조류처럼 주로 땅에 살고, 폐로 호흡을 한단다. 그런데 몸에 털이나 깃털은 없고, 온몸이 비늘로 덮여 있어."

"네? 비늘이요?"

"응. 파충류의 비늘은 피부 겉 부분이 변해서 생긴 건데, 사람의 손톱처럼 얇고 딱딱해. 파충류 피부의 물기가 마르지 않게 막아 주지."

"오, 비늘이 그런 일을 하는군요."

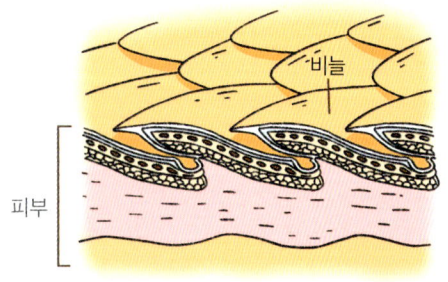

▲ 파충류의 비늘 피부 겉 부분이 변해서 생겨.

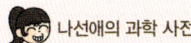

나선애의 과학 사전

탈피 벗을 탈(脫) 가죽 피(皮). 동물이 자라면서 작아진 비늘이나 껍데기 따위를 벗는 걸 말해.

"파충류의 몸에 있는 비늘은 모두 이어져 있다 보니 몸이 자라면 몸을 둘러싼 비늘이 몸보다 작아져. 그래서 몸이 자랄 때 피부에 새로운 비늘이 생기고 원래 있던 비늘은 벗겨져 나가. 이걸 탈피한다고 해. 화면을 보렴."

탈피 중인 도마뱀

뱀이 탈피하고 남긴 허물

▲ 파충류의 탈피

"우아, 옷을 통째로 벗는 것 같아요."

"하하, 그래. 이제 도마뱀이 어떻게 자손을 남기는지 알아보자. 아까 본 사진에서 도마뱀이 알을 어디에 낳았지?"

왕수재가 재빨리 말했다.

"도마뱀은 알을 땅에 낳았어요."

"그래. 일단 파충류는 땅에 사니까 체내 수정을 해. 이후 땅 위나 땅속에 알을 낳는단다."

"체내 수정을 하고 알을 낳는 건 조류와 같네요?"

"맞아. 하지만 조류와 다른 점도 있지. 조류의 알은 단단한 껍데기로 싸여 있지만, 파충류의 알은 가죽처럼 질

긴 껍질로 싸여 있어. 또 조류는 새끼가 태어날 때까지 일정 기간 알을 품지만, 파충류는 따로 알을 품지 않아. 여러 파충류가 낳은 알을 함께 볼까?"

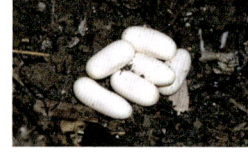  

뱀 알   악어 알   거북 알

▲ 다양한 파충류의 알

허영심이 고개를 갸웃거리며 물었다.

"근데 악어나 거북은 주로 물에서 살지 않나요?"

"악어나 거북은 물에서도 생활하지만 폐로 호흡하기 때문에 자주 물 밖으로 나와야 하고, 알도 땅에 낳아. 다른 파충류와 마찬가지로 몸은 딱딱한 비늘로 덮여 있단다."

 **핵심정리**

파충류는 땅에서 살면서 폐로 호흡해. 몸은 비늘로 덮여 있고 탈피를 하지. 파충류는 체내 수정을 하고 질긴 껍질로 싸인 알을 낳아.

 ## 매끈매끈한 도롱뇽 피부의 비밀

나선애가 손을 번쩍 들며 말했다.

"선생님, 도마뱀이 속한 파충류에 대해선 잘 알겠어요. 이제 도롱뇽이 속한 양서류가 궁금해요."

"좋아! 지금부터 양서류의 특징을 알아볼까? 도롱뇽이 사는 모습을 함께 보자."

용선생은 화면을 바꾸며 말했다.

"도롱뇽은 숲속 물가, 바위틈처럼 축축한 땅에서 지렁이나 곤충 같은 작은 동물을 먹고 살아. 도롱뇽 몸의 겉 부분을 자세히 보면 도마뱀과 다른 점이 잘 보여."

왕수재가 화면을 가리키며 말했다.

물기가 있어 축축한 땅에 살아.

▲ 점박이도롱뇽이 살아가는 모습

지렁이나 곤충 같은 작은 동물을 잡아먹어.

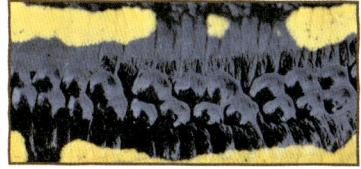

피부는 털이나 비늘이 없어 매끈하고, 늘 촉촉해.

물속에 알을 낳아.

▲ 끈끈한 물질로 덮여 촉촉한 양서류의 피부

"도롱뇽은 비늘이 없고 겉이 매끈매끈해 보여요."

"맞아. 도마뱀과 도롱뇽은 피부만 봐도 구별할 수 있어. 도롱뇽을 비롯한 양서류의 피부는 털이나 비늘이 없어 매끈하고, 끈끈한 물질로 덮여 있어서 늘 촉촉해."

"피부가 촉촉한 게 중요한가요?"

"응. 양서류는 폐가 잘 발달하지 못해서 폐만으로는 호흡을 충분히 할 수 없어. 그래서 피부로도 호흡하지. 피부가 촉촉해야 피부로 호흡을 잘 할 수 있어."

"우아, 호흡을 피부로도 한다니 신기해요."

"파충류와 양서류의 또 다른 점은 알을 낳는 곳이야. 화면에서 도롱뇽 알이 어디에 있는지 보이니?"

"네. 도롱뇽 알은 물속에 있어요. 알 모양도 파충류 알과는 전혀 다른데요?"

"잘 봤어. 양서류가 자손을 남기는 과정을 차근차근 알아보자. 도롱뇽은 암컷 몸속에서 수정이 일어나는 체내 수정을 하고 물속에 알을 낳아. 하지만 개구리나 두꺼비 등 대부분의 양서류는 체내 수정을 하지 않는단다."

"그러면 어떻게 해요?"

"이들은 물속에 알을 낳고 물에서 수정을 하는데, 몸 밖

> **용선생의 과학 현미경**
>
> 도롱뇽의 체내 수정은 포유류 등의 체내 수정과는 좀 달라. 포유류, 조류, 파충류는 수컷이 암컷 몸속에 직접 정자를 넣어서 체내 수정이 일어나. 하지만 도롱뇽의 경우, 수컷이 정자 덩어리를 물속에 내놓으면 암컷이 이 덩어리를 몸속으로 끌어들여서 체내 수정이 일어난단다.

◀ 대부분의 양서류는 물속에 알과 정자를 내보내어 체외 수정을 해.

에서 수정이 일어나니까 체외 수정이라고 불러."

"오호, 아무튼 도롱뇽도 개구리도 물속에 알을 낳는 거네요?"

"맞아. 양서류가 물에 낳는 알은 다른 동물이 땅에 낳는 알과 모양이 달라. 양서류의 알은 투명한 젤리 같은 물질로 싸인 채 덩어리져 있어. 알에서 나온 양서류의 새끼를 올챙이라고 해."

곽두기가 눈을 크게 뜨며 말했다.

"네? 그럼 도롱뇽 새끼도 올챙이라고 하나요? 올챙이라고 하면 개구리만 생각나는데……."

"하하, 양서류의 새끼는 모두 올챙이라고 한단다. 물속 알에서 나온 올챙이는 계속 물에 살면서 아가미로 호흡해. 올챙이가 자라서 성체가 되면 땅에 살면서 폐와 피부로 호흡하지."

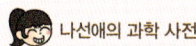 나선애의 과학 사전

성체 이룰 성(成) 몸 체(體). 몸이 완전히 자라서 자손을 만들 수 있는 어른 동물을 말해.

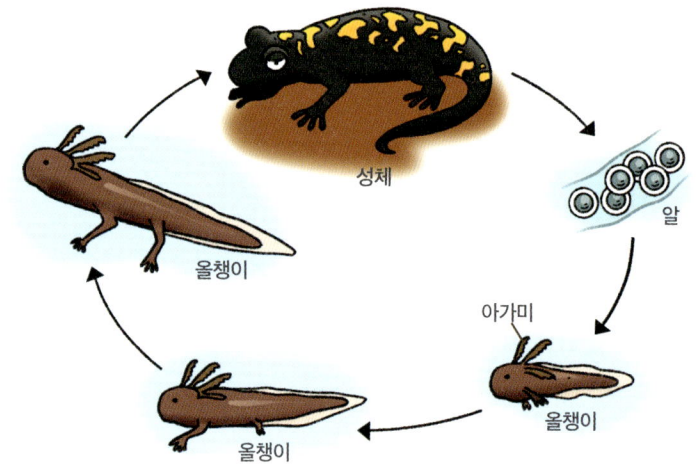

▲ 도롱뇽의 한살이

 **핵심정리**

양서류는 물과 땅을 오가며 살아가는 동물 무리로, 대부분 체외 수정을 하고, 모두 물에 알을 낳아. 올챙이는 물에 살면서 아가미로 호흡하고, 성체가 되면 땅에 살면서 폐와 피부를 통해 호흡해.

 ## 추운 겨울을 털옷 없이 지내려면?

"이제 도마뱀과 도롱뇽은 확실히 구별할 수 있어요!"
"근데 파충류와 양서류도 공통점이 있다는 거 아니?"

"그래요? 어떤 건데요?"

"일단 파충류와 양서류는 모두 척추동물이야."

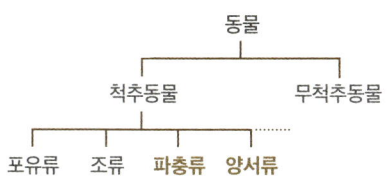

"아, 둘 다 척추가 있군요."

"그리고 둘 다 주변 온도에 따라 체온이 변하는 변온 동물이란다."

나선애가 노트를 뒤적이며 물었다.

"지난 시간에 체온이 일정하게 유지돼야 생명 활동이 일정하게 일어난다고 하셨잖아요. 변온 동물은 체온이 변하는데 어떻게 생명 활동을 하는 거죠?"

"좋은 질문이야. 변온 동물은 장소를 옮기거나 몸의 방향을 바꿔서 체온을 어느 정도 조절할 수 있어. 주변 온도가 낮아서 체온이 낮아지면, 도마뱀은 햇볕이 강한 곳으로 움직이거나 해 쪽으로 몸을 향해. 햇볕을 쬐어 체온을 높이는 거야. 그러다 햇볕을 오래 쬐어서 체온이 많이 높아지면 그늘로 피하지."

"해가 뜨지 않는 밤엔 어떡해요?"

◀ **도마뱀의 체온 조절** 도마뱀은 밤새 흙에 몸을 묻고 있다가, 아침에는 햇볕을 쬐어 체온을 높여. 한낮에는 그늘에 숨어 체온을 낮추지.

"밤에는 생명 활동을 최소한으로 줄이고 몸속 에너지를 대부분 체온 유지에만 써. 약 15℃(섭씨도) 정도로 체온을 유지하면서 밤새 꼼짝하지 않고 가만히 있지."

왕수재가 팔짱을 끼며 말했다.

"파충류와 양서류도 정온 동물이라면 밤에도 마음대로 움직일 수 있을 텐데요……."

"하하, 아쉬워할 필요 없어. 파충류와 양서류가 변온 동물이라서 유리한 점도 있거든."

"그게 뭔데요?"

"정온 동물은 체온을 유지하는 데 에너지가 많이 필요하니까 먹이를 많이 먹어야 해. 이에 비해 변온 동물은 체온 유지에 에너지를 많이 쓸 필요가 없으니까, 그만큼 먹이를 적게 먹어도 돼."

"오, 먹이를 구하는데 힘이 덜 들겠네요!"

정온 동물

변온 동물

"맞아. 그런데 겨울에 온도가 매우 낮아지는 지역에 사는 파충류나 양서류는 햇볕을 쬐어도 체온을 충분히 높이지 못해. 그래서 온도 변화가 비교적 적은 물 밑이나 땅속에 몸을 숨기고 생명 활동을 최소화한 채 겨울을 지내지."

"혹시 그게 겨울잠인가요?"

"맞아! 이들은 겨울잠을 자다가 봄이 되어 주변이 따뜻해지면 깨어난단다."

▲ 물 밑이나 땅속에서 겨울잠을 자는 파충류와 양서류

그러자 장하다가 슬쩍 일어나며 말했다.

"지금 좀 추워서 도마뱀처럼 햇볕 쬐러 나가야겠어요. 같이 갈 사람?"

"우린 변온 동물 아니라고!"

 **핵심정리**

파충류와 양서류는 둘 다 척추동물이고, 변온 동물이야. 변온 동물은 정온 동물보다 먹이를 적게 먹어. 파충류와 양서류는 겨울잠을 자기도 해.

나선애의 정리노트

1. 파충류와 양서류

① 차이점

파충류	양서류
도마뱀, 뱀, 악어, 거북 등	도롱뇽, 개구리, 두꺼비 등
몸이 ⓐ 로 덮여 있음.	몸이 매끈하고 촉촉함.
ⓑ 로 호흡함.	올챙이는 아가미로, 성체는 폐와 ⓒ 로 호흡함.
체내 수정을 함.	대부분 ⓓ 수정을 함.
ⓔ 에 알을 낳음.	물속에 알을 낳음.
가죽처럼 질긴 껍질에 싸인 알	젤리 같은 물질에 싸여 덩어리진 알

② 공통점
- 척추동물
- 변온 동물

ⓐ 비늘 ⓑ 폐 ⓒ 피부 ⓓ 체외 ⓔ 육상

과학퀴즈 달인을 찾아라!

●정답은 119쪽에

01

친구들이 이번 시간에 배운 내용에 대해 이야기하고 있어. 옳으면 O, 옳지 않으면 X를 표시해 줘.

① 파충류는 비늘이 벗겨지는 탈피를 해. (   )
② 알에서 나온 파충류의 새끼를 올챙이라고 해. (   )
③ 양서류는 물 밑이나 땅속에서 겨울잠을 자기도 하지. (   )

02

다음 보기 의 문장 속 괄호에 들어갈 말을 순서대로 이으면 어떤 모양이 나온대. 무슨 모양인지 그려 봐.

보기

도마뱀이 속한 (   )는 온몸이 (   )로 덮여 있어.

개구리가 속한 (   )는 촉촉한 (   )로 호흡을 해.

출발 / 도착

피부 • • 파충류

양서류 • • 비늘

 용선생의 과학 카페   용선생의 한국사 카페   용선생의 세계사 카페

https://cafe.naver.com/yongyong

용선생의 과학 카페

과학계의 핵인싸,
용선생의 과학 카페에
오신 걸 환영합니다.

Log in

MENU

물리면 아프다
화학이 화하하
생물 오징어
지구는 둥글다

평생 올챙이로 살아가는 양서류는?

양서류는 알에서 나온 올챙이가 성체로 자란다고 했어. 그런데 평생을 올챙이로 살아가는 양서류가 있단다. 바로 멕시코의 한 호수에 사는 '아홀로틀'이라는 도롱뇽이야.

▲ 아홀로틀 멕시코에 사는 도롱뇽의 한 종류야.

아홀로틀은 다른 도롱뇽과 마찬가지로 물에 알을 낳고, 알에서 올챙이가 나와. 이 올챙이는 다른 도롱뇽 올챙이와 매우 닮았지만, 다른 도롱뇽처럼 성체로 자라지 않고 계속 올챙이 상태로 물에서 10~15년 넘게 산단다.
또 성체가 되어야만 짝짓기할 수 있는 다른 도롱뇽과 달리, 아홀로틀은 올챙이 상태로도 몇 년 지나면 짝짓기하여 자손을 남길 수 있어.

▲ 아홀로틀(왼쪽)은 다른 도롱뇽 올챙이(오른쪽)와 매우 닮았어.

올챙이일 때 물에 살고 커서 땅에 사는 다른 도롱뇽과 달리, 물에서만 사는 아홀로틀은 키우거나 번식시키기가 쉬워. 그래서 반려동물이나 실험동물로 많이 이용되고 있지.

아홀로틀로 어떤 실험을 했냐고? 우선 과학자들은 양서류의 올챙이에서 티록신이라는 물질이 만들어지면 올챙이가 성체로 자란다는 걸 알고 있었어. 만약 올챙이 상태인 아홀로틀에 티록신을 넣으면 아홀로틀도 성체 형태로 변할지 궁금했지. 그래서 아홀로틀에 티록신을 넣어 보았더니, 아홀로틀 머리 주변에 있던 아가미가 사라지고 몸속에 폐가 발달했어. 올챙이 상태의 아홀로틀이 성체 형태로 변해서 땅에서 살 수 있게 된 거야!

- 장하다의 오답을 피하는 방법
- 나선애의 야무진 실험실
- 왕수재의 아는 척 과학교실
- 허영심의 별 헤는 밤
- 곽두기의 빅뱅 따라잡기

▲ 성체 형태로 변한 아홀로틀

성체 형태의 아홀로틀은 생김새도 다른 도롱뇽 성체와 매우 비슷했어. 하지만 안타깝게도 이렇게 변한 아홀로틀은 오래 살지 못하고 금세 죽었지. 한편 아홀로틀은 다리나 꼬리가 잘려 나가도 다시 자라게 하는 놀라운 능력이 있어. 그래서 지금도 아홀로틀을 대상으로 다양한 연구가 진행되고 있단다!

COMMENTS

- 아홀로틀은 생긴 게 귀여워.
  - 그래서 만화나 게임 캐릭터로 자주 나온대.
  - 우리 두기도 귀여우니까 게임 캐릭터로 만들면 어때?
  - 뭐? 난 귀엽지 않고 씩씩하다고!

"얘들아, 용선생님 어디 계셔?"
허영심이 아이들에게 물었다.
"아직 안 오셨어. 무슨 일인데?"
"궁금한 거 여쭤보려고. 어제 엄마, 아빠랑 수산물 시장에 가서 커다란 문어를 봤거든? 근데 문어는 물고기가 아니라잖아."
"엥, 물에 사는데 물고기가 아니라고?"
곽두기가 고개를 갸웃거리자 왕수재가 말했다.
"하긴, 문어는 물고기랑 생긴 게 많이 다르지."
그때 용선생이 웃으며 아이들에게 다가갔다.
"하하, 맞아. 문어는 물고기가 아니란다. 문어와 물고기는 서로 다른 동물 무리에 속하지."
"드디어 오셨네요! 문어랑 물고기는 뭐가 다른데요?"
용선생은 빙긋 웃으며 칠판 앞에 섰다.

물고기는 어떤 특징이 있을까?

"먼저 물고기가 뭔지부터 알아보자. 너희가 알고 있는 물고기는 어떤 게 있니?"

아이들이 재빨리 손을 들고 말했다.

"조기, 갈치, 고등어처럼 반찬으로 먹는 생선이요."

"금붕어나 구피처럼 집에서 키우는 물고기도 있어요."

"그래. 모두 맞아. 물고기는 어류라고 부르는 척추동물의 한 무리란다. 냇가에서 흔히 볼 수 있는 붕어가 살아가는 모습을 보면서 어류의 특징을 알아보자."

용선생은 화면을 띄웠다.

식물부터 동물까지 모두 먹는 잡식 동물이야.

▲ 붕어가 살아가는 모습

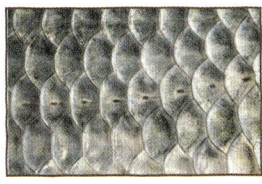

몸이 비늘로 덮여 있어.

얕은 물속에 낳은 알에서 새끼가 나와.

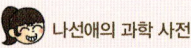

나선애의 과학 사전

유선형 흐를 유(流) 줄 선(線) 모양 형(型). 물체가 공기나 물속에서 움직일 때 방해를 가장 적게 받는 모양을 말해. 앞부분은 둥글고 뒤쪽으로 갈수록 뾰족한 모양이야.

"붕어는 딱 제가 생각하는 물고기 모양이에요. 팔다리가 없고 몸통만 있어요!"

왕수재가 화면을 가리키며 말했다.

"그래. 물에서 사는 어류는 땅에 사는 동물과 생김새부터 달라. 몸은 유선형이고, 팔다리가 없는 대신 지느러미로 헤엄치며 살아가. 또 아가미로 호흡하지."

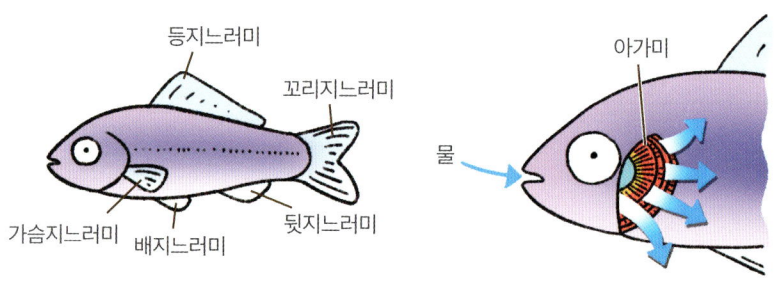

▲ **어류의 생김새** 어류는 지느러미를 이용해 헤엄을 쳐. 입으로 들어온 물을 아가미를 통해 내보내면서 호흡해.

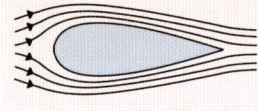

용선생의 과학 현미경

어류와 파충류의 비늘은 서로 다른 물질로 이루어져 있어. 파충류의 비늘은 사람의 손톱처럼 케라틴이라는 물질로 이루어져 있고, 어류의 비늘은 사람의 피부 깊은 곳을 이루는 콜라겐이라는 물질로 이루어져 있지.

"어류도 알을 낳아요?"

"그렇단다. 어류는 대부분 체외 수정을 해. 그리고 주변 온도에 따라 체온이 변하는 변온 동물이지."

"근데 어류도 파충류처럼 비늘이 있네요?"

"맞아. 파충류와 마찬가지로 어류의 몸도 비늘로 둘러싸여 있어. 해로운 물질이나 세균 같은 게 몸에 들어오지 못하게 비늘이 막아 주지."

"선생님, 비늘 위에 선이 나 있던데요. 그건 뭐예요?"
"잘 봤어! 그건 옆줄이야. 좀 더 자세히 살펴보자."
용선생은 화면을 바꿨다.

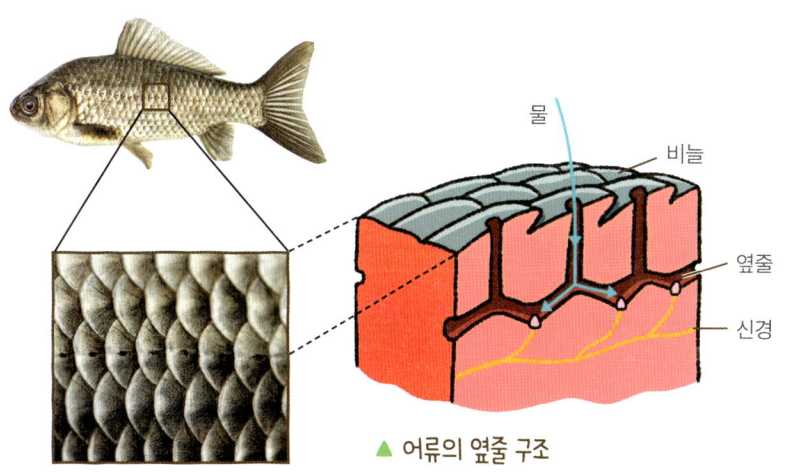

▲ 어류의 옆줄 구조

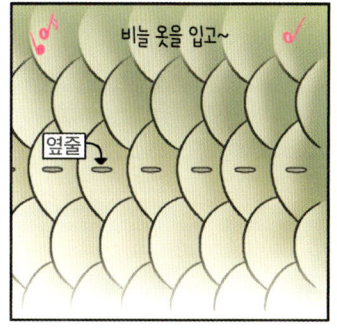

"옆줄은 어류의 비늘 아래 피부에서 자극을 받아들이는 곳이야. 머리부터 꼬리까지 이어져 있지. 비늘에 있는 구멍으로 물이 들어오면, 옆줄은 물이 흐르는 방향이나 빠르기, 떨림을 느껴. 이를 통해 먹이가 있는 곳은 어디인지, 다른 동물이 다가오는지 알 수 있단다."

"우아, 옆줄이 그런 일을 다 한다고요?"
"응. 심지어 물의 온도도 느낄 수 있지."
"물고기한테 옆줄은 정말 중요한 부분이네요."

"그렇지. 이번엔 어류의 몸속에 있는 특별한 부분을 살펴볼까? 어류의 몸속에는 공기가 들어 있는 주머니가 있는데, 이걸 부레라고 해."

"부레요?"

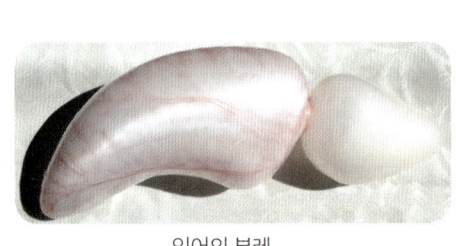

잉어의 부레

위로 뜰 때

아래로 가라앉을 때

▲ 어류는 부레 속 공기의 양을 조절하여 물속에서 위아래로 이동해.

"응. 수영장에서 공기가 든 튜브를 타면 몸이 물에 뜨지? 어류는 부레에 있는 공기의 양을 조절해서 물에 뜨거나 가라앉을 수 있어. 부레에 공기를 채워서 부레가 커지면 위로 뜨고, 공기를 빼서 부레가 작아지면 아래로 가라앉아."

"오호, 신기하네요."

 용선생의 과학 현미경

어류는 소리를 듣거나 내는 데에도 부레를 써. 부레에서 물속의 작은 소리가 커진 다음 귀로 전달돼. 또 부레 주변의 근육을 빠르게 움직이면 부레에 공기가 드나들 때 소리가 나는데, 이걸 이용하여 대화하기도 해.

 **핵심정리**

어류는 척추동물의 한 무리로 물에서 살고 아가미로 호흡해. 변온 동물이고, 대부분 알을 낳는데 체외 수정을 해. 몸에는 지느러미, 비늘, 옆줄, 부레가 있어.

다양한 물고기의 세계로!

"어류는 종류도 아주 다양하단다. 지구에는 척추동물이 약 73,000 종류 있는데, 그중 어류의 종류가 가장 많아. 어류는 무려 37,000 종류나 있다는 사실!"

"헉, 어류의 종류가 그렇게 많아요?"

"생각해 봐. 지구에서 땅보다 바다가 훨씬 넓고, 땅에도 강이나 호수가 있어. 또 바다는 깊이가 수천 미터에 달하지. 사는 곳이 방대한 만큼, 어류가 사는 환경도 다양해."

"환경이 다양하다고요?"

"응. 예를 들면 열대 지방의 바다는 따뜻하고 극지방의 바다는 차가워. 또 바다의 깊이에 따라서도 물속 온도나 물이 누르는 힘이 크게 달라져. 게다가 짜디짠 바닷물과 짠맛이 나지 않는 강물까지, 물속 환경은 다양하단다."

"물속 환경이 다양해서 어류도 다양한 거네요?"

"바로 그거야. 다양한 환경에서 살아가는 어류를 함께 살펴보자. 먼저 따뜻한 바다와 차가운 바다에 사는 어류를 보여 줄게."

▲ 지구 표면의 약 $\frac{7}{10}$은 바다야.

◀ 따뜻한 바다에 사는 다랑어

▼ 차가운 바다에 사는 대구

"우아! 오동통한 물고기다!"

"이건 흔히 참치라고 불리는 다랑어야. 주로 따뜻한 바다에 살지. 따뜻한 바다는 수면 근처에 아주 작은 생물들이 많이 살고, 이걸 먹고 사는 작은 어류도 많아. 먹이를 충분히 먹은 다랑어는 몸 길이가 3m까지도 자란단다."

"이야, 정말 크네요!"

"그런가 하면 대구라는 어류는 차가운 바다에 살아. 다랑어보다 덜 먹고, 몸 길이는 1m 정도까지 자라지."

왕수재가 손을 들고 물었다.

"바다의 깊이에 따라서도 살아가는 어류가 다양하다고 하셨죠?"

"응. 어류는 물속에서 위아래로 어느 정도 움직일 수는 있지만, 주로 일정한 깊이에서 벗어나지 않고 살아가."

"아, 그렇군요."

"수면 근처에 사는 어류는 등 색깔이 바닷물과 비슷한 푸른색을 띠는 종류가 많아. 이에 비해 햇빛이 잘 들지 않아 어두운 깊은 바다에 사는 어류는 어둡고 짙은 색을

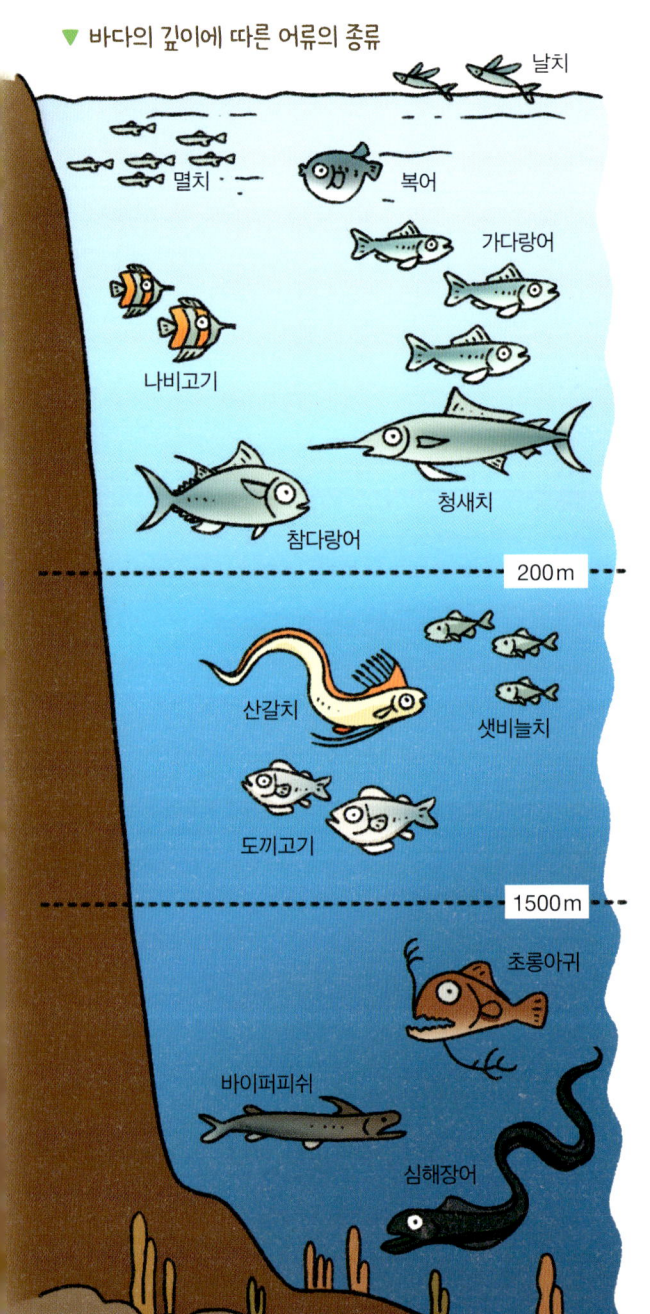

▼ 바다의 깊이에 따른 어류의 종류

띠는 종류가 많지."

아이들이 고개를 끄덕이자 용선생은 말을 이었다.

"지금까지 바닷물에 사는 어류를 알아봤으니, 이번엔 민물에 사는 어류에 대해 알아볼까? 아까 살펴본 붕어를 비롯해 잉어, 메기는 민물에 살아. 강이나 연못 같은 민물은 바다보다 훨씬 좁고 먹이가 되는 생물의 양도 적지. 그래서 민물에 사는 어류는 바닷물에 사는 어류보다 대체로 크기가 작은 편이야."

그때 나선애가 고개를 갸웃거리며 말했다.

"선생님, 노래 가사에서 '강물을 거꾸로 거슬러 오르는 연어'라고 하던데, 그게 정말인가요?"

"오, 맞아. 연어는 강에서 태어나지만, 바다로 가서 수년간 성체로 자란단다. 그다음 다시 태어난 강으로 되돌아가서 알을 낳는 거야."

"그냥 강이나 바다 중 한곳에 쭉 살면 될 텐데, 사서 고생이네요."

"하하, 다 이유가 있지. 강은 바다보다 얕고 비교적 안전한 데다 물속에 산소도 풍부해. 그래서 연어가 알을 낳으면 새끼가 알을 깨고 나오기에 적절하단다. 하지만 점점 몸집이 커지는 연어가 충분한 먹이를 구하기는 힘들어."

> 나선애의 과학 사전
>
> 민물 강이나 호수의 물처럼 소금기가 없는 물을 말해.

▲ 연어들이 강둑을 오르기 위해 물에서 솟구쳐 점프하고 있어.

"그래서 바다로 가는 거군요?"

"응. 강을 따라 바다로 가서 넓은 바다를 돌아다니며 먹이를 충분히 먹고 크게 자라는 거야."

"와, 살기 좋은 환경을 찾아다닌다니, 정말 특이해요."

"하하, 또 특이한 어류라면 상어를 빼놓을 수 없지."

▲ **상어** 강력한 턱과 날카로운 이빨을 무기로 육식을 하는 어류야.

▲ **현미경으로 관찰한 상어 비늘**

"으악, 무서운 상어요? 근데 상어가 뭐가 특이해요?"

"상어는 어류이지만 부레가 없어."

"네? 어류는 부레 덕분에 몸이 뜬다면서요?"

"상어는 부레는 없지만 다른 어류보다 지느러미가 훨씬 커. 또 비늘은 크기가 아주 작고 모양이 독특해서 상어가 물살을 가를 때 물이 잘 밀려나게 하지. 그래서 상어는 부레 없이도 가라앉지 않고, 빠르게 헤엄칠 수 있단다."

핵심정리

어류는 다양한 물속 환경에서 살고 있어. 전체 척추동물 중에서 종류가 가장 많을 정도로 매우 다양해.

물에 살면 모두 물고기일까?

곽두기가 살며시 손을 들며 말했다.

"고래도 상어랑 비슷하게 생겼잖아요. 혹시 고래도 어류인가요?"

"오, 좋은 질문이야. 고래는 어류가 아니라 바다에 사는 포유류란다. 새끼를 낳아 젖을 먹이지."

"어휴, 물에 산다고 다 어류라고 생각하면 안 되겠네요. 아까 문어도 물고기가 아니라고 하셨죠?"

"참, 오늘 그걸 알아보려고 했지? 문어는 지금까지 살펴본 어류의 특징이 없어. 생김새를 보렴."

"문어는 지느러미도 비늘도 없네요."

"그리고 몸이 물렁물렁하고 자유자재로 휘어요."

"그래. 문어는 몸에 척추는커녕 단단한 뼈가 아예 없어. 문어는 무척추동물에 속한단다."

"어류는 척추동물이니까, 동물 무리가 아예 다르네요."

"맞아. 무척추동물도 여러 무리로 나뉘지. 문어나 오징어처럼 뼈가 없고 부드러운 몸을 가진 동물은 연체동물이라고 해."

"동물의 특징을 따라서 무리 이름을 지었군요."

▲ **고래** 새끼에게 젖을 먹이는 포유류야.

▲ **문어** 부드러운 몸을 가진 연체동물이야.

나선애의 과학 사전

연체동물 부드러울 연(軟) 몸 체(體) 동물. 문어 등이 속한 무척추동물의 한 무리야.

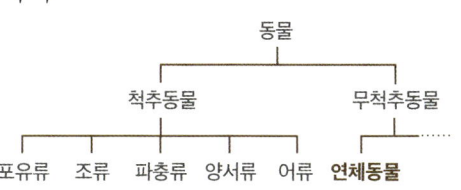

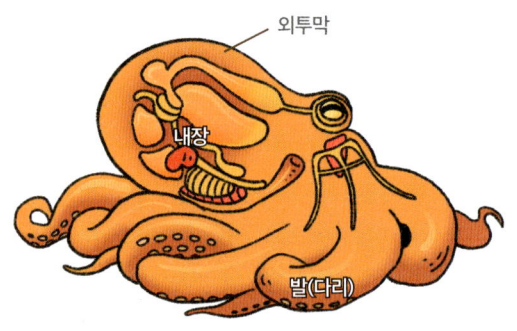

▲ 문어의 구조

▲ 문어는 다리에 있는 빨판을 이용해 먹이의 촉감이나 맛을 느껴.

바지락　　　홍합

굴　　　소라

▲ 조개나 굴, 소라처럼 딱딱한 껍데기가 있는 연체동물도 있어.

허영심의 말에 용선생이 고개를 끄덕였다.

"연체동물의 부드러운 몸은 외투막, 발, 내장으로 이루어져 있어."

"외투막? 외투 같은 건가요?"

"하하, 맞아. 외투처럼 몸을 덮고 있는 막이야. 문어나 오징어에서 우리가 먹는 몸통 부분이 바로 외투막이지."

장하다가 입맛을 다시며 말했다.

"흠, 전 오징어 다리가 더 맛있던데요."

"크으, 나도 그래. 문어는 발이 8개, 오징어는 발 10개가 길게 발달했고, 보통 다리라고 불러. 문어는 신경과 근육이 발달한 다리를 이용해서 먹이도 잡고, 맛도 느낀단다."

"우아, 다리로 별걸 다 하네요!"

"문어를 비롯한 모든 연체동물은 변온 동물이야. 또 모두 아가미로 호흡하고, 알을 낳지."

"문어나 오징어 말고 연체동물이 또 있어요?"

"그럼! 조개와 굴도 연체동물이란다."

"조개나 굴은 겉 부분이 딱딱한데 연체동물이라고요?"

"조개도 외투막, 발, 내장이 있어. 조개의 딱딱한 껍데기는 뼈가 아니라 외투막에서 내보낸 물질이 단단하게 굳은 거야. 단단한 껍데기가 연한 몸을 둘러싸서 보호하지."

"아, 껍데기는 뼈가 아니군요."

"응. 오징어의 한 종류인 갑오징어는 몸속에 딱딱한 부분이 있어. 이것도 역시 뼈가 아니라 조개껍데기 같은 거야. 갑오징어는 이 부분에 공기를 채웠다 뺐다 하면서 물속에서 위아래로 이동하지."

▲ 갑오징어　　　　　▲ 갑오징어 몸속 딱딱한 부분

"히잉, 계속 오징어 얘기하니까 오징어 먹고 싶어요!"

곽두기의 말에 용선생은 어깨를 으쓱거렸다.

"큼큼, 그럼 간식으로 오징어맛 과자라도 먹어 볼까?"

"좋아요! 선생님 최고!"

> **핵심정리**
>
> 문어는 무척추동물 중 연체동물에 속해. 연체동물의 몸은 외투막, 발, 내장으로 이루어져 있어. 외투막에서 내보낸 물질이 굳어서 만들어진 딱딱한 부분이 몸속이나 몸 밖에 있는 종류도 있지.

나선애의 정리노트

1. 어류
① 붕어, 다랑어, 대구, 연어 등
② 특징
- 척추동물
- 변온 동물
- 지느러미, 비늘, 옆줄, 부레가 있음.
- 아가미로 호흡함.
- 알을 낳고 ⓑ 　　　 수정을 함.

ⓐ 　　　

2. 연체동물
① 문어, 오징어, 조개, 굴 등
② 특징
- 무척추동물
- 변온 동물
- ⓒ 　　　, 발, 내장으로 이루어짐.
- ⓓ 　　　 로 호흡함.
- 알을 낳음.

ⓐ 지느러미 ⓑ 체외 ⓒ 외투막 ⓓ 아가미

 ## 과학퀴즈 달인을 찾아라!

●정답은 119쪽에

01

친구들이 이번 시간에 배운 내용에 대해 이야기하고 있어. 옳으면 O, 옳지 않으면 X를 표시해 줘.

① 어류는 척추동물 중에 종류가 가장 많아. (   )

② 상어는 부레가 있어서 물에 떠. (   )

③ 문어는 어류에 속해. (   )

02

친구들이 수산물 시장에 가려고 해. 어류에 대해 옳은 설명을 따라가면 길을 찾을 수 있대. 친구들이 길을 찾을 수 있게 도와줘!

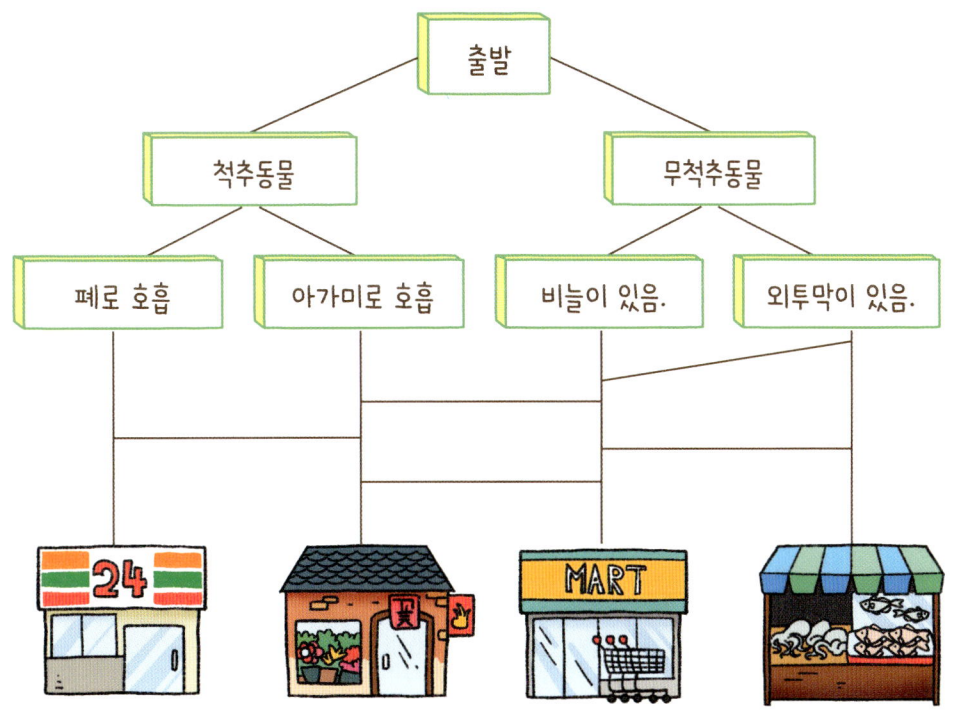

5교시 | 절지동물

곤충과 거미는 뭐가 다르지?

거미 탐험대 출동!

거미가 잠자리랑 벌을 잡았어.

"으악! 저리 가! 난 거미가 제일 싫어!"

왕수재가 과학실에 나타난 거미를 보고 소리 지르자 나선애가 얼굴을 찌푸렸다.

"어휴, 조그만 거미인데 뭐가 무섭다고 난리야!"

"난 곤충은 딱 질색이란 말이야."

"어? 거미는 곤충이 아니라던데?"

그러자 용선생이 거미를 창밖으로 내보내며 말했다.

"선애 말대로 거미는 곤충이 아니란다. 곤충과 거미가 어떻게 다른지 함께 알아볼까?"

곤충은 어떤 동물 무리에 속할까?

"좋아요. 거미는 싫지만 그건 궁금해요!"

"하하, 다행이네. 너희들 지난 시간에 배운 무척추동물 기억나니?"

"기억나요! 척추가 없는 동물이에요."

"그렇지. 곤충과 거미도 척추가 없는 무척추동물이란다. 그중에서 절지동물이라는 무리에 속해. 절지동물은 몸이 단단한 껍데기로 싸여 있고, 몸에 마디가 있는 동물이야."

"근데 곤충이랑 거미는 다르다면서 둘 다 절지동물 무리에 속한다고요?"

"그래. 척추동물을 특징에 따라 포유류, 조류 등과 같이 여러 무리로 나눈 것 기억나지? 절지동물도 특징에 따라 곤충류, 거미류, 갑각류, 다지류로 나눈단다. 거미는 곤충류가 아니라 거미류에 속하지."

"아, 절지동물도 여러 종류가 있군요."

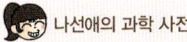

절지동물 마디 절(節) 팔다리 지(肢) 동물. 무척추동물의 한 무리로, 몸통과 다리에 마디가 있어.

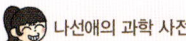

갑각류 갑옷 갑(甲) 껍질 각(殼) 무리 류(類). 절지동물의 한 무리로, 갑옷처럼 매우 딱딱한 껍데기로 몸이 덮여 있어.

다지류 많을 다(多) 팔다리 지(肢) 무리 류(類). 절지동물의 한 무리야. 몸은 머리와 몸통으로 나뉘고, 다리가 아주 많아.

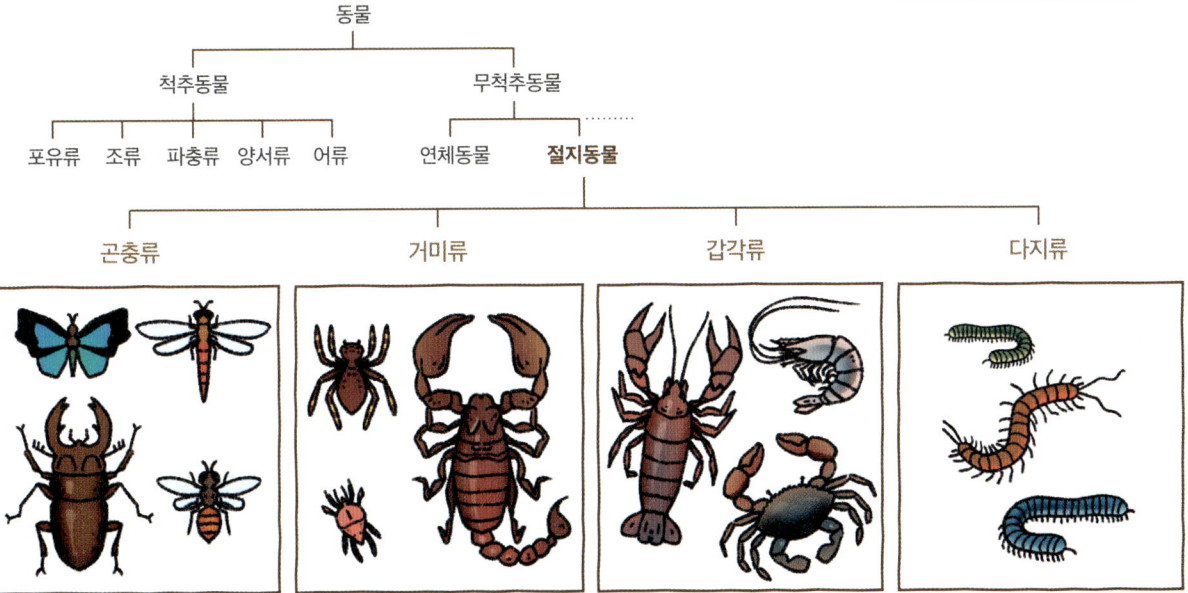

"그렇지. 절지동물은 대체로 몸 크기가 작고 튼튼해. 지구상 거의 모든 곳에 살고 있고, 동물 중에서 수와 종류도 가장 많지. 전체 동물 수의 약 $\frac{4}{5}$가 절지동물이란다. 종류는 무려 백만 가지가 넘어. 이렇게 많은 절지동물 종류 중에서 약 $\frac{9}{10}$가 바로 곤충이야."

곽두기가 고개를 끄덕이며 말했다.

"하긴 곤충이 정말 많긴 하죠. 잠자리, 나비, 모기, 파리, 개미, 꿀벌…… 또 뭐가 있더라?"

"하하, 정말 다양하지? 곤충 중에서도 가장 종류가 다양한 건 딱정벌레야. 사슴벌레도 딱정벌레의 한 종류란다. 사슴벌레가 살아가는 모습을 함께 보면서 곤충의 특징을 알아보자. 화면을 보렴."

> **나선애의 과학 사전**
>
> **딱정벌레** 딱딱하고 두꺼운 앞날개가 있는 곤충들을 통틀어 이르는 말이야. 장수풍뎅이, 사슴벌레, 무당벌레 등 전체 곤충 종류의 약 $\frac{1}{3}$이 딱정벌레에 속해.

▼ 사슴벌레가 살아가는 모습

몸은 머리, 가슴, 배로 이루어져 있어.

다리 3쌍, 더듬이 1쌍, 날개 2쌍이 있어.

나무에 흐르는 액체를 먹고 살아.

나무에 구멍을 뚫고 알을 낳아.

"오, 사슴벌레는 몸이랑 턱이 무지 튼튼해 보여요!"

"맞아. 곤충을 비롯한 절지동물은 몸이 단단한 껍데기로 싸여 있다고 했지? 이걸 외골격이라고 불러. 근데 단단한 외골격이 통째로 연결되어 있다면 몸을 구부리거나 움직일 때 불편하겠지?"

"생각해 보니 그러네요."

"그래서 몸에 마디가 있는 거야. 곤충의 몸은 머리, 가슴, 배 세 부분으로 나뉘고, 각 부분도 마디로 이루어져 있지. 또 다리에도 마디가 있어서 다리를 구부리거나 펼 수 있단다."

"아하, 마디 덕분에 몸을 잘 움직일 수 있군요."

"맞아. 또 외골격이 있으면 몸 안쪽에 뼈가 없는 대신 근육이 자리 잡을 곳이 많아. 그래서 몸 크기에 비해 힘이 센 편이지."

왕수재가 팔짱을 끼며 말했다.

"힘이 세 봐야 얼마나 세겠어요?"

"하하, 아마 너희는 다른 친구를 들어 올리기 힘들 거야. 하지만 사슴벌레는 다른 사슴벌레를 번쩍 들어 올릴 정도로 힘이 세. 심지어 조그만 개미는 자기 몸무게의 수십 배나 되는 먹이를 들어 올릴 수 있지."

> 나선애의 과학 사전
>
> **외골격** 바깥 외(外) 뼈 골(骨) 버틸 격(格). 동물의 몸 겉면을 둘러싸고 있는 단단한 껍데기를 말해.

▲ 먹이나 암컷을 차지하기 위해 싸우는 수컷 사슴벌레

"흠, 외골격이 정말 중요한 거였네요."

"그래. 날개도 외골격이 변해서 생긴 거란다."

"날개도요?"

"응. 곤충 중에는 날개가 있어서 날아다니는 종류가 아주 많아. 사슴벌레는 날개가 두 쌍 있지만 평소에는 나무 위를 기어 다녀. 또 나무에서 흘러나오는 액체를 먹고 살며, 짝짓기한 뒤에는 나무 구멍 속에 알을 낳지."

나선애가 손을 들고 물었다.

"선생님, 곤충도 숨을 쉬나요?"

"물론이야. 곤충도 다른 동물처럼 숨도 쉬고, 몸에 혈액도 흘러. 뇌와 심장도 있지! 다만 폐나 아가미는 없어. 대신 몸에 나 있는 작은 구멍으로 공기가 들어오면 기관계로 호흡해. 그리고 한 쌍의 더듬이로 주변의 자극을 느끼고 다리가 세 쌍 있어."

"우아, 작은 몸에 없는 게 없네요!"

> **용선생의 과학 현미경**
>
> 곤충의 혈액은 사람의 혈액과 달리 색이 없어. 이건 혈액 속에 있는 색소가 달라서야. 곤충의 몸에서 혈액이 몸 밖으로 나오면 공기와 만나 노란색이나 푸른색으로 변해.

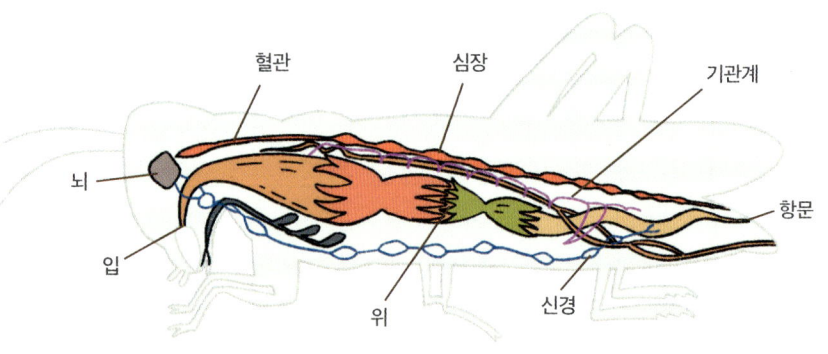

▲ 메뚜기의 내부 구조

"하하, 이제 곤충의 또 다른 특징을 알아보자. 곤충은 대부분 체내 수정하여 알을 낳는데, 곤충의 알에서 나온 새끼는 모양을 바꾸면서 성체가 되는 경우가 많아. 이걸 탈바꿈한다고 하지."

"곤충은 왜 탈바꿈을 하는 거죠?"

"모기를 예로 들어 볼 테니 한번 생각해 봐. 모기는 날아다니며 동물의 피를 빨아먹고, 물에 알을 낳아. 알에서 나온 애벌레는 물에서 살면서 물 속 작은 생물을 먹고 살지."

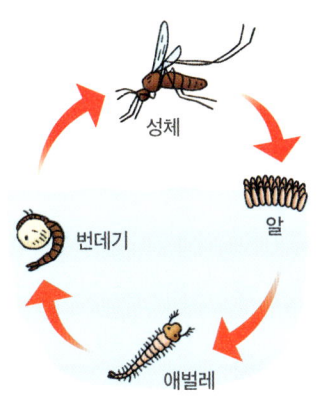

▲ 모기의 한살이

"아, 모기와 애벌레는 사는 곳도 다르고 먹이도 다르네요."

"그래. 곤충은 탈바꿈하면서 사는 곳과 먹이가 달라져. 그럼 적어도 자기들끼리는 경쟁하지 않아도 되고, 결국에는 살아남을 가능성이 커진단다."

"곤충이 그렇게 많은 데에는 다 비결이 있군요."

핵심정리

절지동물은 외골격과 마디가 있는 특징이 있고, 곤충류, 거미류, 갑각류, 다지류로 나뉘어. 곤충은 몸이 머리, 가슴, 배 세 부분으로 나뉘고, 기관계로 호흡하며, 탈바꿈을 해.

 ## 거미가 곤충이 아닌 까닭은?

"자, 이제 거미에 대해 알아볼까? 말했다시피 거미도 절지동물이야. 몸에 마디가 있고 외골격으로 싸여 있지만, 곤충과는 다른 특징이 있단다. 너희들은 거미를 보면 어떤 게 먼저 떠오르니?"

"거미줄이요!"

아이들이 합창하듯 외치자 용선생은 껄껄 웃었다.

"하하, 거미 하면 거미줄이 먼저 떠오르긴 하지. 거미줄은 거미가 먹이를 잡거나 알을 낳아 두려고 치는 그물이야. 때로는 거미줄 한 가닥을 공중에 띄우거나 바닥으로 내려서 이동하는 데 쓰기도 해."

액체를 몸 밖으로 내보내 거미줄을 쳐.

거미줄로 먹이를 잡아.

거미줄로 알 낳을 곳을 만들어.

거미줄에 매달려 이동해.

▲ 거미줄을 이용하는 거미

"아까 그 거미 내보내지 말 걸 그랬어요. 거미줄 치는 걸 관찰하면 좋을 텐데……."

장하다가 아쉬워하며 말했다.

"그런데 거미줄 없이 먹이를 구하는 거미도 있고, 아예 거미줄을 치지 않는 거미도 있어. 따라서 거미줄을 치는 건 거미를 대표하는 특징이 아니야."

"네? 그럼 어떤 특징이 있어야 거미인데요?"

"거미의 특징은 먹이를 무는 송곳니가 있다는 거야. 거미는 송곳니로 먹이를 물고 소화액을 넣어 녹인 다음 녹은 먹이를 빨아먹지. 소화액에는 독이 섞인 경우도 있어."

"으악, 독거미 무서워요."

"하하. 거미는 몸의 구조도 곤충과는 달라. 다음 그림을 볼래? 거미의 몸은 머리가슴과 배 두 부분으로 나뉘고, 다리가 4쌍 있어. 곤충과 달리 날개도 더듬이도 없지. 대신 더듬이다리로 주변의 자극을 느낀단다."

▲ 송곳니로 곤충을 무는 거미

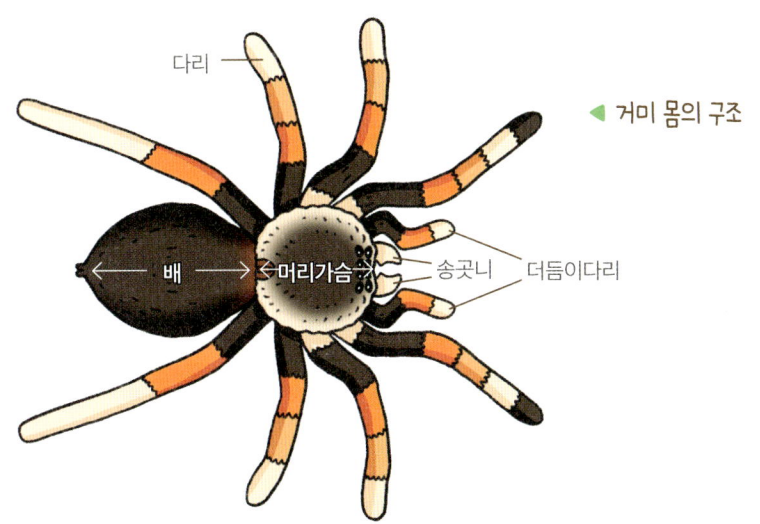

◀ 거미 몸의 구조

곽두기가 고개를 끄덕이며 말했다.

"곤충과 거미는 생김새가 확실히 다르네요."

"너희들 그거 아니? 전갈이나 진드기도 먹이를 무는 송곳니가 있고, 몸 구조가 거미와 아주 비슷해. 그래서 거미류에 속한단다."

◀ **전갈** 꼬리에 있는 독침으로 먹이를 사냥해. 집게는 거미의 더듬이다리에 해당하지.

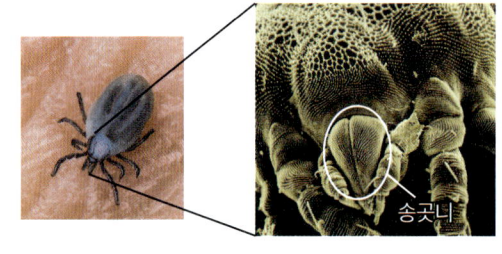

◀ **진드기** 1~2mm(밀리미터) 정도로 크기가 매우 작아. 주로 동물의 몸에 붙어 피부 각질이나 혈액을 먹고 살아.

"전갈과 진드기가 거미류라고요?"

"으아, 거미류에 속하는 동물들은 다 무시무시하네요!"

핵심정리

거미류는 송곳니가 있고, 몸이 머리가슴과 배 두 부분으로 나뉘어. 다리가 4쌍 있고, 날개와 더듬이는 없어. 거미, 전갈, 진드기가 거미류에 속해.

또 다른 절지동물을 찾아서!

"지금까지 살펴본 절지동물은 대부분 땅에 살아. 그런데 물에 사는 절지동물도 있어. 아마 너희도 잘 알 거야. 바로 새우란다."

장하다가 재빨리 말했다.

"새우 맛있죠! 껍데기 벗기는 게 귀찮긴 하지만요."

"오, 마침 잘 말했어. 그 껍데기는 새우의 외골격이야. 갑옷같이 딱딱한 외골격에 싸여 있어서 갑각류라고 불러."

"어, 게나 가재도 딱딱한 껍데기가 있잖아요?"

"맞아. 새우, 게, 가재가 모두 갑각류에 속하지. 갑각류의 특징을 좀 더 살펴볼까?"

용선생은 화면을 바꿨다.

▲ 갑각류

용선생의 과학 현미경

새우나 가재의 배에 있는 다리는 헤엄다리라고 해. 머리가슴에 있는 다리는 물속 땅을 짚고 움직일 때 쓰고, 헤엄다리는 헤엄을 치거나 알을 붙잡아 둘 때 쓰지.

헤엄다리

"갑각류는 몸이 머리가슴과 배로 나뉘고, 머리가슴에 다리가 5쌍 있어. 다른 절지동물과 달리 더듬이가 2쌍 있지. 물에 살다 보니 호흡은 아가미로 해."

"우아, 알고 보니 땅에도 물에도 절지동물이 가득 살고 있네요!"

"하하, 그렇단다. 물에는 갑각류, 땅에는 거미류와 곤충류가 많이 살고 있지."

용선생은 아이들을 둘러보며 말을 이었다.

"마지막으로 하나 더 알아둘 게 있어. 절지동물은 몸이 자라면 외골격이 몸보다 작아져. 그래서 작아진 외골격을 벗는 탈피를 한단다. 이걸 보렴."

용선생은 화면을 바꿨다.

메뚜기 허물

거미 허물

새우 허물

게 허물

탈피 중인 전갈

▲ 절지동물의 탈피

"어, 곤충뿐 아니라 새우랑 게도 탈피를 하네요!"

"전갈도요! 신기해요!"

나선애가 노트를 넘기더니 말했다.

"어, 그러고 보니 파충류도 탈피를 했잖아요?"

"맞아. 파충류는 비늘을 벗는 탈피를 하고, 절지동물은 외골격을 벗는 탈피를 한단다. 절지동물은 몸이 자라면서 원래 있던 외골격 아래에 새로운 외골격이 생기고, 원래 있던 외골격을 통째로 벗는 거야."

아이들이 고개를 끄덕였다.

"나무 아래나 풀숲을 자세히 보면 곤충이나 거미가 탈피한 허물을 발견할 수도 있단다."

"그래요? 그럼 당장 학교 뒷산에 가 봐요!"

장하다가 벌떡 일어서며 말하자 다른 아이들도 용선생을 쳐다봤다.

"좋아. 그럼 뒷산에 가서 허물도 찾고 간식도 먹자!"

"우아, 선생님 최고!"

핵심정리

새우, 게, 가재는 갑각류에 속해. 갑각류는 갑옷같이 딱딱한 외골격을 가지고 있고, 더듬이가 2쌍 있으며, 아가미로 호흡해. 절지동물은 모두 외골격을 벗는 탈피를 해.

나선애의 정리노트

1. 절지동물의 특징
① **무척추동물**
② 몸이 ⓐ [　　] 으로 싸여 있고, **탈피**를 함.
③ 몸통과 다리에 **마디**가 있음.

2. 절지동물의 종류

종류	ⓑ	거미류	ⓒ
예시 동물	사슴벌레, 모기, 개미 등	거미, 전갈, 진드기 등	새우, 게, 가재 등
몸의 구분	머리, 가슴, 배	머리가슴, 배	머리가슴, 배
다리	3쌍	4쌍	5쌍
더듬이	1쌍	없음.	2쌍
특징	기관계로 호흡, 탈바꿈	먹이를 무는 ⓓ	ⓔ 로 호흡

ⓐ 외골격 ⓑ 곤충류 ⓒ 갑각류 ⓓ 큰턱 ⓔ 아가미

과학퀴즈 달인을 찾아라!

●정답은 119쪽에

01

친구들이 이번 시간에 배운 내용에 대해 이야기하고 있어. 옳으면 O, 옳지 않으면 X를 표시해 줘.

① 절지동물 중 종류가 가장 많은 건 갑각류야. (   )
② 곤충은 몸 크기에 비해 힘이 세. (   )
③ 거미류는 모두 거미줄을 치는 특징이 있어. (   )

02

왕수재가 보물 상자를 발견했는데, 비밀번호로 잠겨 있어. 다행히 비밀번호의 힌트를 적어 둔 쪽지가 옆에 놓여 있네. 왕수재가 비밀번호를 찾을 수 있게 도와줘.

☐에 들어갈 숫자를 순서대로 누르시오.

힌트1. 사슴벌레의 다리는 ☐쌍
힌트2. 새우의 더듬이는 ☐쌍
힌트3. 거미의 다리는 ☐개
힌트4. 모기의 더듬이는 ☐쌍

👍 알았다! 암호는 ☐☐☐☐ 이야!

| 용선생의 과학 카페 | 용선생의 한국사 카페 | 용선생의 세계사 카페 | |

  ← https://cafe.naver.com/yongyong

용선생의 과학 카페

과학계의 핵인싸,
용선생의 과학 카페에
오신 걸 환영합니다.

[Log in]

헷갈리는 동물들, 정체를 밝혀라!

 바닷가에서 놀다가 넘어졌는데, 바위에 붙은 조개껍데기에 베여서 다쳤어요.

 저런! 아팠겠구나. 근데 그건 조개가 아니라 따개비야. 헷갈리기 쉬운데, 따개비는 조개의 한 종류가 아니란다. 조개는 연체동물이고, 따개비는 절지동물이지.

 따개비가 절지동물이라고요?

 그래. 따개비는 물에 잠기면 마디가 있는 다리를 껍데기 밖으로 내보내 물속에 있는 작은 생물을 잡아먹지. 바닷가 바위에는 거북의 앞발을 닮아 '거북손'이라고 불리는 생물도 살아. 거북손은 따개비의 친척뻘이야. 둘 다 절지동물로, 갑각류에 속해.

MENU

물리면 아프다
화학이 화하하
생물 오징어
지구는 둥글다

▲ 따개비

▲ 거북손

장하다의 오답을 피하는 방법

나선애의 야무진 실험실

왕수재의 아는 척 과학교실

허영심의 별 헤는 밤

곽두기의 빅뱅 따라잡기

 헉, 그렇군요. 따개비는 딱딱한 껍데기가 있어서 조개인 줄 알았는데! 비슷하게 생겨서 너무 헷갈려요.

 헷갈리는 동물은 또 있어. '투구게'는 투구처럼 생긴 게라는 뜻으로 이름이 붙었어. 전쟁할 때 쓰는 모자인 투구처럼 둥근 모양의 외골격이 눈에 띄거든. 하지만 투구게는 게와 달리 갑각류가 아니라 거미류에 속하는 동물이지.

 그럼 투구게도 먹이를 무는 송곳니가 있나요?

▲ 투구게 몸 길이가 50~60 cm(센티미터)에 달해.

 맞아! 투구게의 몸 아래쪽을 보면 송곳니 한 쌍이 있어. 이름과 달리 투구게는 게보다 거미나 전갈과 비슷한 셈이란다.

COMMENTS

 생김새나 이름만 보고 판단해선 안 되겠네.

└ 맞아. 나 깍두기 아니야!

└ 왜? 나처럼 이름을 따라가기도 해. 수재!

└ 어휴, 또 잘난 척이야.

6교시 | 또 다른 동물들

물속을 떠다니는 해파리는 어떤 동물일까?

으악! 외계인이 나타났다!

이건 해파리야!

아이들이 책상 위에 놓인 상자 주변으로 모여들었다.

"이 상자는 뭐야? 흙이 가득 있네."

"이것 봐! 흙 속에 지렁이도 있어."

"으으, 너무 징그러워."

"근데 지렁이는 머리도 없고 팔다리도 없잖아. 이렇게 생겨서 어떻게 살아가지?"

지렁이는 뭘 먹고 살까?

용선생이 아이들 뒤로 다가와 말했다.

"오호, 그럼 지렁이가 어떻게 살아가는지 알아볼까?"

"네. 그게 좋겠어요!"

"먼저 지렁이에 대해 알고 있는 걸 말해 볼래?"

"지렁이는 땅에 살아요."

"길쭉하게 생겼어요. 다리가 없어서 꿈틀꿈틀 기어 다니고요."

"그래. 지구에 사는 수많은 동물 중에는 생김새나 사는 방법이 무척 단순한 동물이 많아. 지렁이도 그중 하나야. 지렁이의 몸은 가늘고 길기만 하고 척추 같은 뼈도 없어. 또 몸이 고리 모양의 수많은 마디로 이루어져 있지. 이런 동물을 환형동물이라고 해."

왕수재가 손을 들고 물었다.

"지렁이도 몸속에 뇌나 심장이 있나요?"

"그렇단다. 지렁이의 몸 구조와 살아가는 모습을 함께 살펴볼까?"

용선생은 화면을 띄웠다.

▲ 지렁이

나선애의 과학 사전

환형동물 고리 환(環) 모양 형(形) 동물. 지렁이, 갯지렁이, 거머리 등이 속한 무척추동물의 한 무리를 말해.

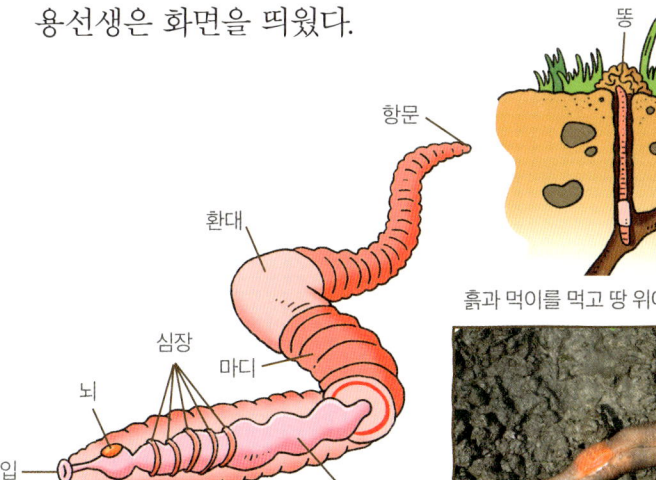

▲ 지렁이의 몸 구조와 살아가는 모습

흙과 먹이를 먹고 땅 위에 똥을 싸.

지렁이 똥이 땅에 쌓여 있어.

짝짓기하여 체내 수정한 다음 알을 낳아.

알은 끈적한 물질에 싸여 고치가 돼.

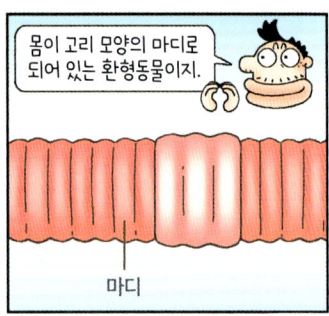

"지렁이는 심장도 있고 아주 작은 뇌도 있지만 눈이나 코, 귀는 없어. 또 축축한 피부로 호흡하지. 짝짓기 후 흙 속에 알을 낳아 자손을 남겨."

"근데 지렁이는 뭘 먹고 살아요?"

"지렁이는 흙 위에 있는 잎이나 열매, 동물의 똥을 흙과 함께 먹어. 그런 다음 온몸에 걸쳐 있는 창자에서 먹이를 소화시키고 똥을 싸지. 흙은 소화가 되지 않고 모두 지렁이 똥으로 나와. 이렇게 나온 지렁이 똥에는 식물이 자랄 때 필요한 영양분이 많이 들어 있단다."

"지렁이 똥이 그냥 흙처럼 보였는데 그게 아니었군요?"

"맞아. 또 단단하게 뭉친 흙을 먹고 부드러운 똥으로 내보내니까 주변의 흙이 부드러워져. 그러니 지렁이가 사는 땅은 영양분도 많고 흙이 부드러워서 식물이 잘 자랄 수 있지. 이 때문에 지렁이는 흙 속의 농부라고도 불린단다."

허영심이 손뼉을 치며 말했다.

"징그러운 지렁이가 흙 속에서 그런 일을 한다니, 지렁이가 다시 보이네요."

"하하, 다행이네. 그런데 몸이 가늘고 길다고 해서 다 환형동물은 아니야."

"그래요? 예를 들면 어떤 동물이요?"

"회충 같은 기생충도 몸이 가늘고 길어. 기생충은 다른 생물의 몸 안팎에 붙어서 영양분을 뺏어먹고 사는 동물을 말해. 회충, 편충, 십이지장충은 사람 몸속에 사는 기생충인데, 환형동물이 아니야."

"그럼 뭐예요?"

"일단 지렁이는 몸에 마디가 있지만 회충은 마디가 없어. 또 회충의 몸 표면은 곤충의 외골격과 같은 물질로 얇게 둘러싸여 있지. 그래서 회충도 탈피를 한단다. 이런 동물을 '선형동물'이라고 해."

"오호, 둘 다 단순하게 생겼지만 확실히 다르네요!"

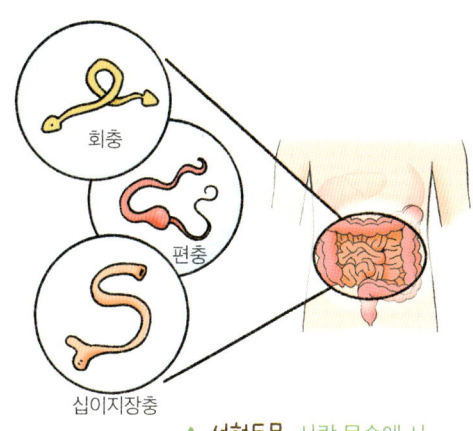

▲ **선형동물** 사람 몸속에 사는 기생충 중에서 회충, 편충, 십이지장충은 선형동물에 속해.

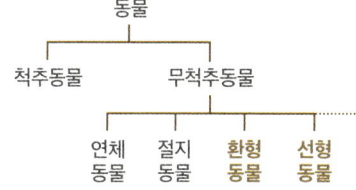

 핵심정리

지렁이는 몸이 고리 모양의 마디로 이루어져 있는 환형동물에 속해. 회충은 가늘고 긴 몸에 마디가 없고 탈피를 하는 선형동물에 속해.

 이래 봬도 동물이 맞아!

"그래도 지렁이나 회충은 작지만 뇌와 심장이 있어. 근데 아예 이런 게 없는 동물도 있다는 거 아니?"

"네? 그런 동물이 있어요?"

"그렇단다. 바로 물에 사는 해파리와 산호야. 해파리는 물속에 둥둥 떠있고, 산호는 물속 바위에 가만히 붙어 있어서 언뜻 동물 같지 않아 보여. 하지만 해파리와 산호는 모두 동물이고, 몸 구조가 아주 단순해. 이걸 보렴."

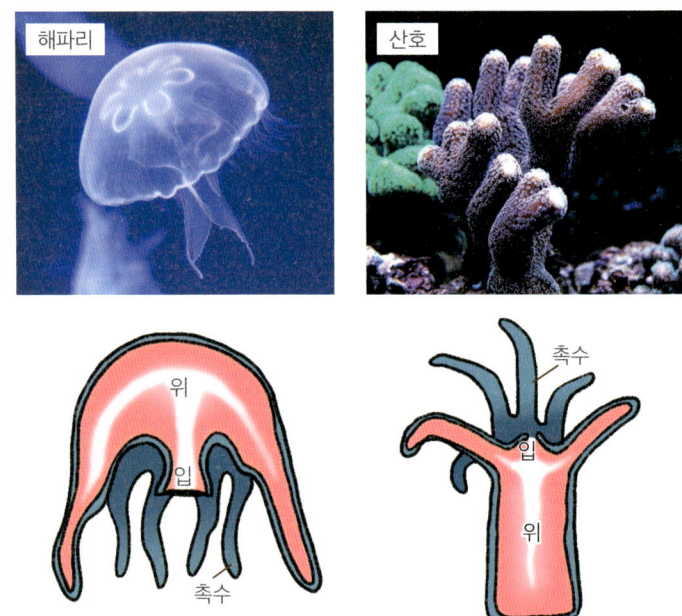

▶ 해파리와 산호의 몸 구조

용선생이 화면을 바꾸자 장하다가 소리쳤다.

"우아, 멋지다! 정말 뇌랑 심장 같은 건 없네요. 근데 촉수는 뭐예요?"

"해파리나 산호의 입 주변에 길게 뻗은 부분이 촉수야.

촉수에는 다른 동물을 공격하는 데 쓰는 작은 독침이 있어. 이 독침이 있는 세포를 자포라고 해. 자포가 있는 해파리나 산호는 자포동물이라 불러."

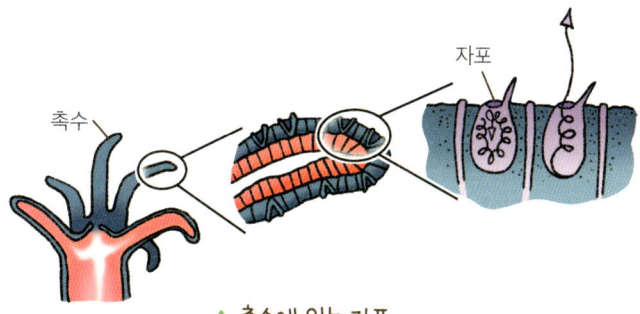
▲ 촉수에 있는 자포

"오, 독침을 쏜다고요?"

"응. 자포동물은 촉수 근처에 다가온 작은 동물에 독침을 쏘아 마취시켜서 입으로 빨아들여. 입으로 들어온 먹이를 위에서 소화시키고 영양분을 흡수한 다음, 남은 찌꺼기는 다시 입을 통해 내보내지."

"엥, 그럼 항문도 없어요? 무지하게 단순하네요."

"단순한 건 그뿐이 아니야. 자포동물은 자손을 남길 때 알을 만들기도 하지만, 단순히 몸의 일부분이 떨어져 나가서 새로운 개체로 자라기도 해. 이걸 출아한다고 하지."

"그럼 산호가 출아하면 새로운 산호가 하나 더 생기는 거네요."

"이야, 생긴 것만큼 사는 방법도 정말 단순해요."

"하하, 자포동물보다 더 단순한 동물도 있다는 사실!"

"정말요? 어떤 동물인데요?"

 나선애의 과학 사전

개체 살아가는 데 필요한 기능과 구조를 갖춘 하나의 생물체를 말해.

출아 날 출(出) 싹 아(芽). 원래 있던 개체에 생긴 작은 싹이나 돌기가 떨어져 나와 새로운 개체가 생기는 걸 말해.

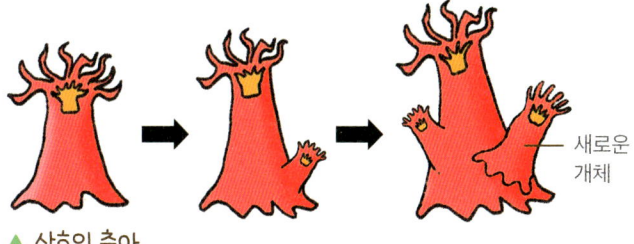
▲ 산호의 출아

▲ 해면을 말려서 만든 스펀지

용선생은 서랍에서 꺼낸 것을 아이들에게 건넸다.

"어, 구멍이 숭숭 뚫려 있네요. 이건 뭐죠?"

"이건 비누 거품을 내는 데 쓰는 스펀지야. 청소나 설거지 할 때 흔히 사용하는 스펀지는 공장에서 만드는 거고, 옛날에는 이런 걸 썼어. 동물을 말려서 만든 스펀지 말이야."

"이게 동물을 말린 거라고요?"

"그렇단다. 스펀지를 해면이라고도 부르는데, 이 동물이 속한 무리를 '해면동물'이라고 해."

용선생이 화면에 바다에 사는 해면의 사진을 띄웠다.

"해면은 아까 본 산호랑 비슷한데요."

"하지만 해면은 산호가 가지고 있는 자포가 없고, 입이나 위도 없단다."

"입도 없어요? 그럼 먹이를 어떻게 먹어요?"

"해면에 작은 구멍이 많이 보이지? 몸 윗부분엔 커다란 구멍도 있어. 몸 곳곳에 있는 작은 구멍으로 물이 들어와

▼ 바다에 사는 해면

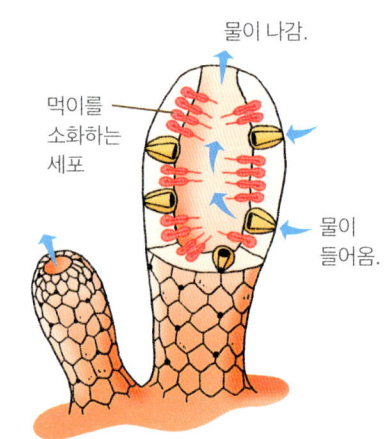

▲ 해면동물의 몸 구조

서 커다란 구멍으로 물이 나가. 이때 물과 함께 들어온 아주 작은 생물을 해면의 세포에서 붙잡아."

"그러고 나서요?"

"세포에서 먹이를 소화하여 실 같은 물질을 만들어. 이걸로 해면의 몸이 이루어지는 거란다."

"오호, 입도 위도 없고 세포에서 일을 다 하나요?"

"맞아! 해면은 몸에 정해진 일을 하는 부분이 따로 발달하지 않았거든. 이렇게 단순한 해면동물도 알을 만들거나 출아를 해서 자손을 남기지."

나선애가 노트를 뒤적이더니 물었다.

"지난번에 배운 바다나리도 몸이 단순해 보여요. 혹시 바다나리도 자포동물이나 해면동물인가요?"

"오, 좋은 질문이야. 바다나리는 자포가 없으니 자포동물도 아니고, 입이 있으니까 해면동물도 아니지. 바다나리는 극피동물이라는 무리에 속해."

용선생은 화면을 바꿨다.

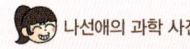 나선애의 과학 사전

극피동물 가시 극(棘) 가죽 피(皮) 동물. 무척추동물의 한 무리로, 가시가 난 딱딱한 판이 몸을 덮고 있어.

바다나리

불가사리

성게

▲ 극피동물

"극피동물은 가시가 나 있는 딱딱한 판이 몸을 덮고 있어서 이런 이름이 붙었어. 바다나리 말고도 불가사리, 성게가 극피동물에 속해. 극피동물은 대부분 바다에 살고 알을 낳는단다."

핵심정리

몸에 자포가 있는 동물을 자포동물이라고 해. 해면동물은 입과 위가 없고 세포에서 소화가 일어나. 극피동물은 가시가 난 딱딱한 판이 몸을 덮고 있어.

알면 알수록 신비한 동물의 세계!

"어휴, 동물도 다양한데 동물 무리도 이렇게 다양하다니…… 뭣 때문에 동물을 굳이 무리로 나누는 거죠?"

"아주 오래전부터 사람들은 동물을 먹거나 동물의 뼈와 가죽을 이용해 왔어. 그러다 비슷한 특징을 가진 동물들이 있다는 걸 알게 됐지. 예를 들어 염소, 양, 문어는 모두 다른 동물인데, 그중 염소와 양의 생김새나 사는 모습은 비슷해. 자연스레 이들을 하나의 무리로 묶게 된 거야."

아이들이 고개를 끄덕이자 용선생이 말을 이었다.

"이렇게 생김새나 사는 모습 같은 특징이 서로 비슷한 것끼리 무리로 나누는 걸 분류한다고 해."

"흐음, 분류를 하면 끝인가요? 그 다음엔요?"

"과학자들은 한 걸음 더 나아가 비슷한 동물끼리는 가까운 사이, 덜 비슷한 동물끼리는 먼 사이로 정리했어. 그 결과 동물들 사이의 멀고 가까운 관계를 이해하고 체계적인 연구를 할 수 있게 됐단다. 또 새로운 동물이 발견되면 그 특징에 따라 분류할 수도 있지."

"어, 그럼 새로운 동물을 발견하면 과학자가 무리를 찾아 주겠네요? 멋지다!"

"하하, 그렇단다. 지금까지 살펴본 다양한 동물 무리의 관계를 정리하여 이렇게 나뭇가지 모양의 그림으로 나타낼 수도 있어."

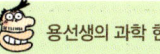

용선생의 과학 현미경

과학자들이 동물을 분류할 때, 특징을 관찰하는 것 외에 다른 방법을 쓰기도 해. 생물이 자손을 남기는 데 필요한 정보가 담긴 물질을 유전자라고 하는데, 최근에는 유전자를 분석하여 동물을 분류하는 방법을 주로 쓴단다.

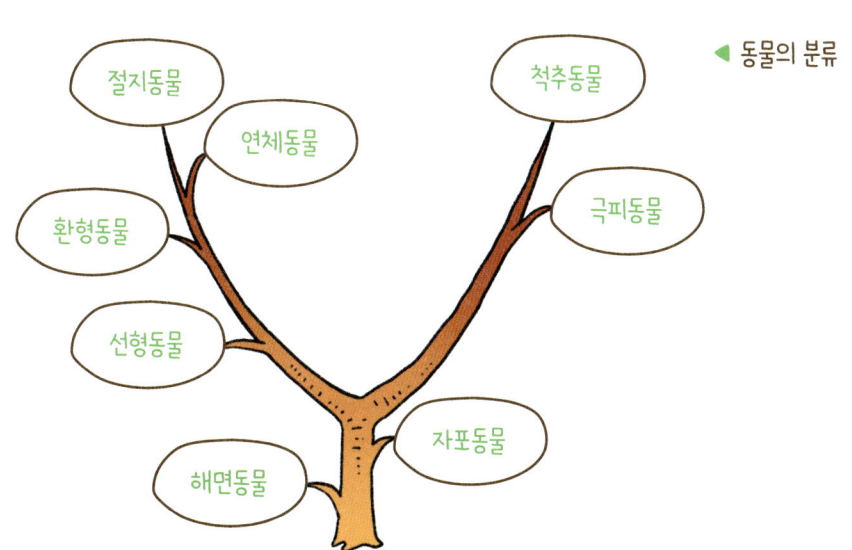

◀ 동물의 분류

"우아! 가지가 신기한 모양으로 자란 나무 같아요!"

"동물 무리도 비슷한 것끼리는 가까이, 덜 비슷한 것끼리는 멀리 둔 거야. 예를 들어 입과 항문이 모두 없는 해면동물, 그리고 입과 항문이 모두 있는 척추동물은 서로 멀리 떨어져 있지."

"그럼 다른 동물들은요?"

"입만 있는 자포동물은 해면동물과 가까이 있어. 그리고 큰 가지가 양쪽으로 나뉘어 있지? 이건 동물이 어미에게서 태어나거나 알에서 나오기 전까지 자라는 동안, 입과 항문이 만들어지는 순서에 따라 나눈 거야. 절지동물, 연체동물, 환형동물, 선형동물은 입이 먼저 만들어진단다."

"그럼 척추동물과 극피동물은 항문이 먼저 만들어지는 거고요?"

"이야, 하나를 알려 주면 열을 아는구나! 제자들이여, 이제 하산해도 되겠다!"

"큭큭, 하산 말고 하교할래요."

"좋았어. 신비한 동물의 세계 수업은 여기까지!"

핵심정리

동물을 분류하면 동물들 사이의 멀고 가까운 관계를 이해하고, 체계적인 연구를 할 수 있어. 동물 사이의 멀고 가까운 관계를 나뭇가지 모양의 그림으로 나타낼 수도 있지.

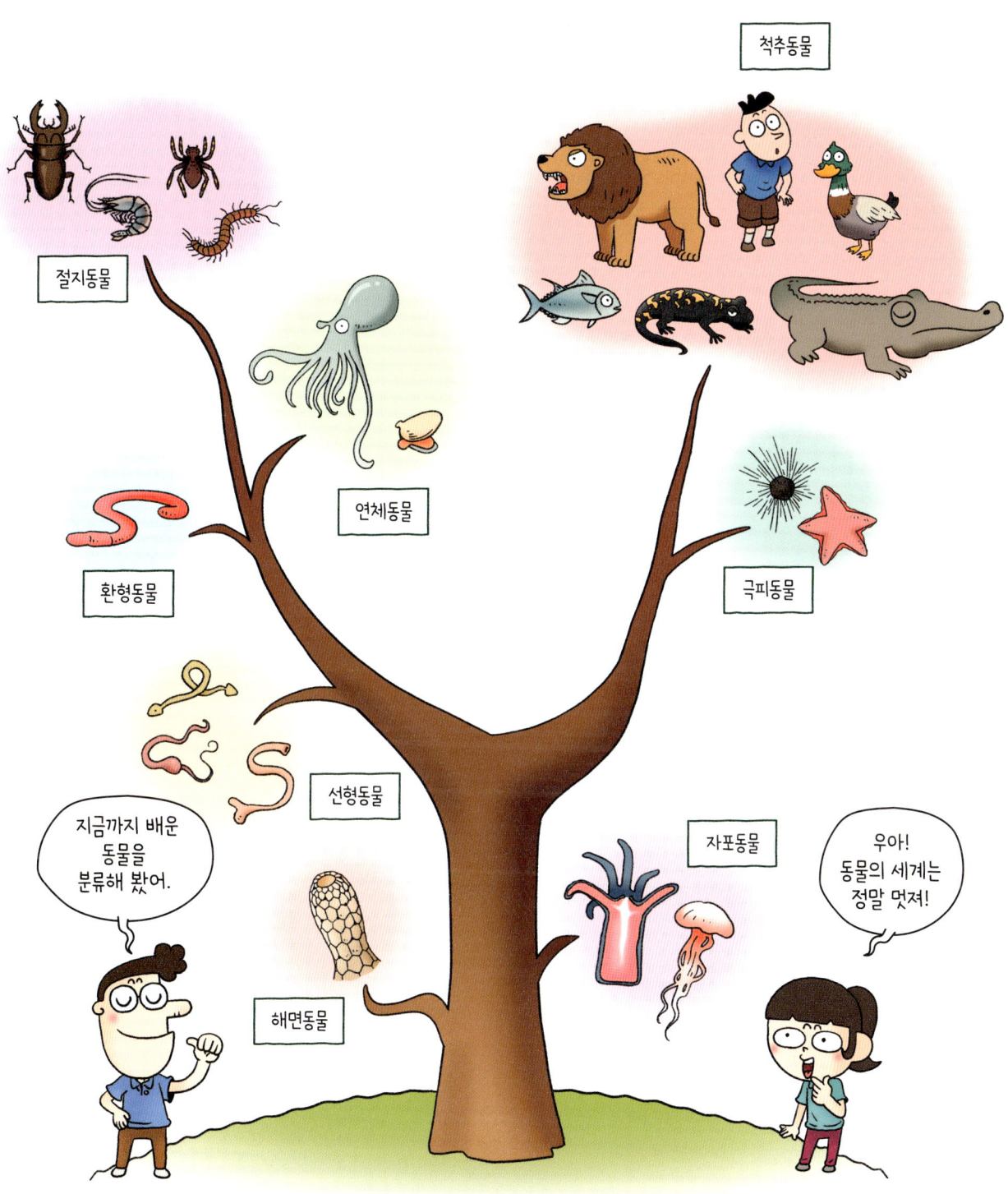

나선애의 정리노트

1. 여러 가지 무척추동물

① ⓐ_____ 동물
- 지렁이 등
- 몸이 고리 모양의 수많은 마디로 이루어져 있음.

② ⓑ_____ 동물
- 회충, 편충 등
- 가늘고 긴 몸에 마디가 없고, 탈피를 함.

③ 자포동물
- 해파리, 산호 등
- 촉수에 있는 ⓒ_____ 로 먹이를 잡음.
- ⓓ_____ 하여 새로운 개체로 자라기도 함.

④ 해면동물
- 해면 등
- 입이나 위가 없고, 세포에서 작은 먹이를 소화함.

⑤ ⓔ_____ 동물
- 바다나리, 불가사리, 성게 등
- 가시가 난 딱딱한 판이 몸을 덮고 있음.

ⓐ 환형 ⓑ 선형 ⓒ 자포 ⓓ 출아 ⓔ 극피

과학퀴즈 달인을 찾아라!

● 정답은 119쪽에

01

친구들이 이번 시간에 배운 내용에 대해 이야기하고 있어. 옳으면 O, 옳지 않으면 X를 표시해 줘.

① 지렁이는 흙을 먹고 부드러운 똥으로 내보내. (　)
② 해파리는 뇌와 심장이 있어. (　)
③ 해면은 입도 없고 위도 없어. (　)

02

곽두기가 동물원에 가려고 해. 무척추동물만 골라 따라가면 올바른 길이 나올 거야. 곽두기가 무사히 도착할 수 있게 도와줘.

| 용선생의 과학 카페 | 용선생의 한국사 카페 | 용선생의 세계사 카페 | |

https://cafe.naver.com/yongyong

용선생의 과학 카페

과학계의 핵인싸,
용선생의 과학 카페에
오신 걸 환영합니다.

[Log in]

MENU

물리면 아프다
화학이 화하하
생물 오징어
지구는 둥글다

동물을 따라 해 봐요, 이렇게!

무언가를 흉내 내는 걸 모방한다고 해. 원시인은 육식 동물의 날카로운 이빨과 발톱을 모방하여 돌로 날카로운 화살촉을 만들었지. 이때부터 지금까지 사람들은 동물을 모방하여 수많은 기술을 개발했단다. 그럼 최근에는 어떤 기술이 개발되었는지 함께 알아보자.

코끼리와 문어를 모방한 로봇 팔

동물의 생김새나 행동을 모방하여 로봇을 만들면, 사람이 할 수 없는 일을 대신하거나 사람보다 훨씬 쉽게 일을 할 수 있어. 예를 들어 자유자재로 움직이는 코끼리 코와, 물건을 꽉 잡는 특성을 가진 문어 빨판을 모방해 만든 로봇 팔이 있어. 이 로봇 팔은 물건을 놓치지 않고 다양한 방향으로 옮길 수 있단다.

한국훼스토 "바이오닉 로봇" 제공

▲ 코끼리 코와 문어 빨판을 모방한 로봇 팔

사막 딱정벌레를 모방한 인공 오아시스

사막 딱정벌레는 비가 거의 오지 않는 아프리카 사막에서 물을 얻는 비결이 있어. 밤에 바람을 향해 등을 세운 채 있으면, 공기 속 수증기가 등에 물방울로 맺혀. 물방울이 등에서 입으로 흘러내리면 사막 딱정벌레가 물을 마실 수 있지. 과학자들은 사막 딱정벌레 등에 물이 맺히는 까닭을 알아내려고 등의 겉 부분을 연구했어. 알고 보니 사막 딱정벌레의 등에는 아주 작은 돌기가 빼곡히 있는데, 이 돌기는 물이 잘 맺히는 성질이 있었지.

공기가 들어옴.
공기 속 수증기가 물이 됨.

▲ 등에 물방울이 맺힌 사막 딱정벌레

▲ 인공 오아시스의 구조

과학자들은 사막 딱정벌레 등의 돌기를 모방하여 물이 잘 맺히는 성질이 있는 파이프를 만들었어. 그리고 이 파이프를 땅에 묻고 공기가 들어가게 했지. 그러자 공기 속 수증기가 땅속 파이프에 물로 맺혔어. 땅속에 인공 오아시스를 만든 거야! 이 물을 근처에 있는 식물의 뿌리에 공급하면 사막에서도 식물을 키울 수 있단다.

COMMENTS

장하다의 오답을 피하는 방법
나선애의 야무진 실험실
왕수재의 아는 척 과학교실
허영심의 별 헤는 밤
곽두기의 빅뱅 따라잡기

거북선은 거북을 모방해서 만든 거래.
┗ 오리발은 오리를 모방!
┗ 곰탕은 곰을 모방?
┗ 에이, 그건 아니지!

가로세로 퀴즈

동물의 세계에 관한 가로세로 퀴즈야. 빈칸을 채워 봐.
띄어쓰기는 무시해도 돼.

가로 열쇠

① 물고기와 문어가 호흡하는 데 사용하는 몸의 부분
② 절지동물의 몸을 둘러싼 단단한 껍데기
③ 도롱뇽, 개구리가 속한 척추동물의 무리
④ 사슴벌레, 개미, 모기 등이 속한 절지동물의 무리
⑤ 새끼에게 젖을 먹여 키우는 척추동물의 무리
⑥ 동물이 자라면서 작아진 비늘이나 외골격을 벗는 것
⑦ 주변 온도에 따라 체온이 변하는 동물

세로 열쇠

❶ 산호의 몸에서 일부분이 떨어져 나가 새로운 개체로 자라는 것
❷ 먹이를 무는 송곳니가 있는 절지동물의 무리
❸ 물에 사는 동물이 물속에 알을 낳고, 몸 밖에서 수정하는 것
❹ 지느러미, 아가미, 비늘, 옆줄이 있는 척추동물의 무리
❺ 뱀, 악어, 도마뱀 등 땅에 살고 몸에 비늘이 있는 척추동물의 무리
❻ 해파리와 산호처럼 몸에 자포가 있는 동물
❼ 뼈가 없고 부드러운 몸을 가진 무척추동물의 무리
❽ 곤충의 알에서 나온 새끼가 모양을 바꾸며 성체가 되는 것

●정답은 119쪽에

교과서 속으로

교과서에서는 어떻게 배울까?

초등 3학년 2학기 과학 | 동물의 생활

동물을 어떤 특징으로 분류할 수 있을까?

- **동물을 분류하는 방법**
  - 과학자들은 동물을 관찰하고 특징에 따라 분류한다.
  - 동물의 공통점과 차이점을 기준으로 분류한다.

- **동물을 분류할 수 있는 기준**
  - 날개가 있는 것과 날개가 없는 것
  - 다리가 있는 것과 다리가 없는 것
  - 물속에서 살 수 있는 것과 물속에서 살 수 없는 것

 먹이에 따라서 초식, 잡식, 육식 동물로 분류할 수 있지!

초등 3학년 2학기 과학 | 동물의 생활

땅에는 어떤 동물이 살까?

- **땅에 사는 동물**
  - 다람쥐, 너구리, 공벌레, 소, 두더지, 땅강아지, 지렁이 등
  - 다리가 있는 동물은 걷거나 뛰어다니고, 다리가 없는 동물은 기어 다닌다.

- **사막에 사는 동물**
  - 뱀, 사막여우, 낙타, 도마뱀, 사막 딱정벌레, 전갈 등
  - 물이 매우 적고, 낮과 밤의 기온이 크게 차이 나는 사막에서 잘 살 수 있는 특징이 있다.

 도마뱀은 몸이 비늘로 덮여 있어서 피부의 물기가 마르지 않아.

"교과서랑 똑같네!"

초등 3학년 2학기 과학 | 동물의 생활

물에는 어떤 동물이 살까?

- **강과 호수에 사는 동물**
  - 물가: 수달이나 개구리 등이 땅과 물을 오가며 산다.
  - 물속: 붕어, 물방개, 메기처럼 헤엄치는 동물, 다슬기처럼 기어 다니는 동물도 산다.
- **바다에 사는 동물**
  - 갯벌: 게처럼 걷거나, 조개처럼 기어 다니는 동물이 산다.
  - 바다: 상어, 오징어, 고등어처럼 헤엄치는 동물, 전복처럼 기어 다니는 동물도 산다.

 붕어는 어류, 오징어는 연체동물이야!

중 1학년 과학 | 생물의 다양성

생물 분류

- **생물 분류의 방법과 목적**
  - 분류 기준: 생물의 생김새, 몸 구조, 한살이, 번식 방법, 호흡 방법 등
  - 목적: 각 생물의 고유한 특징을 비교하여 생물 사이의 멀고 가까운 관계를 알 수 있다.
- **동물의 특징**
  - 다른 생물을 먹이로 삼아 영양분을 얻는다.
  - 대부분 운동 기관이 있어 이동할 수 있다.

 중학교에서 배울 과학도 걱정 없다고!

찾아보기

갑각류 81, 85, 89-92, 94-95
개체 103, 110
거미(류) 23, 80-81, 85-88, 90-92, 95
겨울잠 57
곤충(류) 21, 29, 31, 47, 51, 80-88, 90-92, 101
극피동물 105-110
근육 16, 68, 74, 83
기관계 84-85, 92
다지류 81, 85
무척추동물 22-24, 37, 55, 65, 73, 75-76, 81, 92, 99, 101, 105, 108, 110
반응 15-17, 24
변온 동물 22-24, 55-58, 66, 68, 74, 76
부레 67-68, 72, 76
분류 107-109
비늘 47-52, 58, 65-68, 72-73, 76, 91
선형동물 100-101, 107-110
성체 53-54, 58, 60-61, 71, 85
송곳니 87-88, 92, 95
수정 37, 52-53
신경 16, 67, 74, 84
아가미 53-54, 58, 61, 66, 68, 74, 76, 84, 90-92
양서류 47, 51-58, 60-61, 65, 73, 81
어류 65-73, 76, 81

연체동물 73-76, 81, 94, 101, 107-109
영양분 14, 17, 24, 35, 38, 100-101, 103
옆줄 67-68, 76
올챙이 53-54, 58, 60-61
외골격 83-86, 89-92, 94-95, 101, 108
외투막 74-76
유대류 42
유선형 66
육식 동물 20-21, 23-24, 112
자극 15-17, 24, 67, 84-85, 87
자포동물 103, 105-110
잡식 31, 48, 65
절지동물 81-83, 85-86, 89-92, 94, 101, 107-109
정온 동물 21-24, 38-40, 56-57
조류 29-32, 36-40, 48-50, 52, 55, 65, 73, 81
척추동물 22-24, 29, 36-37, 39-40, 47, 55, 57-58, 65, 68-69, 72-73, 76, 81, 101, 107-109
체내 수정 37, 39-40, 49-50, 52, 58, 85, 99
체외 수정 53-54, 58, 66, 68
초식 동물 20-21, 23-24, 34
출아 103, 105, 110
탈바꿈 85, 92
탈피 49-50, 90-92, 100-101, 110
티록신 61

파충류 47-52, 54-58, 65-66, 73, 81, 91
포유류 33, 35-40, 42-43, 52, 55, 65, 73, 81, 108
피부 19, 43, 48-49, 51-54, 58, 66-67, 88, 100
해면동물 104-110
환경 17-18, 20-21, 24, 69, 72
환형동물 99-101, 107-110

118

퀴즈 정답

1교시

01 ① ✗ ② ○ ③ ○

02

2교시

01 ① ○ ② ○ ③ ✗

02

보기
① 조류는 날개가 있어 날 수 있어.
② 포유류는 새끼에게 젖을 먹여 키워.
③ 조류와 포유류는 일정한 체온을 유지하는 정온동물이야.

날	짜	단	정	보
아	개	체	온	석
기	산	소	동	도
냄	토	장	물	시
새	끼	손	가	락

3교시

01 ① ○   ② ✗   ③ ○

02

> [보기]
> 도마뱀이 속한 (파충류)는 온몸이 (비늘)로 덮여 있어.
> 개구리가 속한 (양서류)는 촉촉한 (피부)로 호흡을 해.

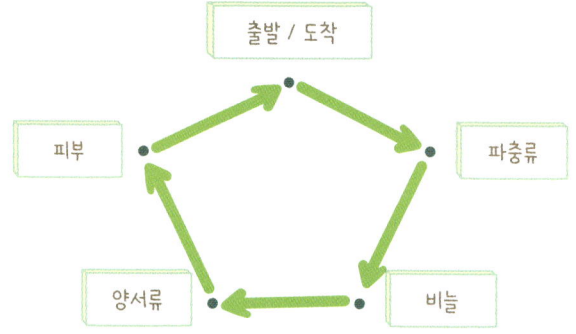

4교시

01 ① ○   ② ✗   ③ ✗

02

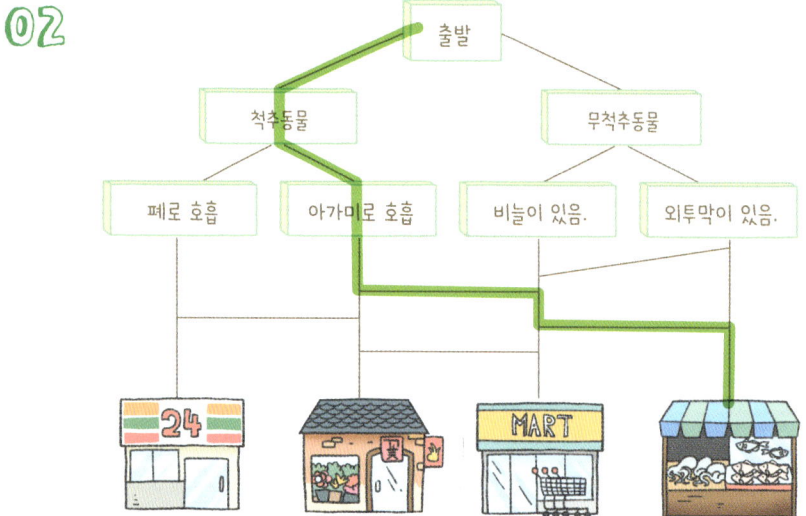

5교시

01   ① X   ② O   ③ X

02

☐에 들어갈 숫자를 순서대로 누르시오.

- 힌트1 사슴벌레의 다리는 3쌍
- 힌트2 새우의 더듬이는 2쌍
- 힌트3 거미의 다리는 8개
- 힌트4 모기의 더듬이는 1쌍

👉 알았다! 암호는 3 2 8 1 이야!

6교시

01   ① O   ② X   ③ O

02

가로세로 퀴즈

❶출		❷거						
①아	가	미		❸체				
		류		②외	골	격		❹어
	❺파			수		③양	서	류
④곤	충	류		정				
	류				❻자			
				⑤포	유	류		❼연
⑥❽탈	피			동				체
바				물				동
꿈					⑦변	온	동	물

일러두기

- 맞춤법과 띄어쓰기는 국립국어원에서 펴낸 《표준국어대사전》을 따랐습니다.
- 과학 용어 표기는 《2015 개정 교육과정에 따른 교과용도서 개발을 위한 편수자료Ⅲ 기초과학, 정보 편》을 따랐습니다.
- 이 책에 실린 사진은 북앤포토를 통해 저작권자로부터 사용 허가를 받았습니다. 저작권자와 접촉하기 위해 최선을 다했으나 불가피한 사정으로 사용 허가를 받지 못한 일부 사진에 대해서는 저작권자와 연락이 닿는 대로 게재 허락을 받고 사용료를 지불하겠습니다.
- 이 책에 실린 그림의 저작권은 별도의 표기가 없는 한 사회평론에 있습니다.

사진 제공

17쪽: Keisotyo(wikimedia commons_CC3.0) | 17, 105쪽: GEORGETTE DOUWMA(SCIENCE PHOTO LIBRARY) | 30쪽: GILBERT S. GRANT(SCIENCE PHOTO LIBRARY) | 42쪽: dpa picture alliance(Alamy Stock Photo) | 43쪽: Doug Gimesy(Nature Picture Library), WILDLIFE GmbH(Alamy Stock Photo) | 51쪽: Juniors Bildarchiv GmbH(Alamy Stock Photo), BIOSPHOTO(Alamy Stock Photo) | 65쪽: 미국 지질 조사국 | 68쪽: Alter welt(wikimedia commons_CC3.0) | 72쪽: EYE OF SCIENCE(SCIENCE PHOTO LIBRARY) | 73쪽: Volvox Inc(Alamy Stock Photo) | 88쪽: 퍼블릭도메인(Erbe,Pooley: USDA, ARS, EMU) | 112쪽: 한국훼스토 | 113쪽: Michael and Patricia Fogden(Minden pictures) | 그 외: 셔터스톡

용선생의 시끌벅적 과학교실 | 동물의 세계

1판 1쇄 발행	2022년 7월 26일
1판 4쇄 발행	2025년 3월 10일

글	설정민, 김형진, 이명화
그림	조현상(매드푸딩스튜디오), 김지희, 전성연
감수	박재근
캐릭터	이우일

어린이사업본부	이승필
책임편집	이건혁
편집	정세민, 이명화, 홍지예, 김미화, 최예리, 윤성진, 박하림, 김예린
마케팅	윤영채, 정하연, 안은지, 박찬수, 강수림
경영지원본부	나연희, 주광근, 오민정, 정민희, 김수아, 김승현
아트디렉터	강찬규
디자인	디자인서가
사진	포토마토

펴낸이	윤철호
펴낸곳	(주)사회평론
전화	02-326-1182
팩스	02-326-1626
주소	03993 서울시 마포구 월드컵북로6길 56 사평빌딩
출판등록	1993년 10월 6일 제 10-876호

ⓒ 사회평론, 2022

ISBN 979-11-6273-232-8 73400

- 이 책 내용의 일부나 전부를 다시 사용하려면 저작권자와 사회평론의 동의를 받아야 합니다.
- 잘못 만들어진 책은 바꾸어 드립니다.

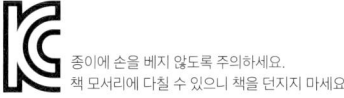

종이에 손을 베지 않도록 주의하세요.
책 모서리에 다칠 수 있으니 책을 던지지 마세요.